高性能水泥混凝土路面结构与材料性能研究

吕世勋　编著

人民交通出版社股份有限公司

北　京

内 容 提 要

本书通过开展对高性能水泥混凝土路面结构与材料性能研究,力求实现路面水泥混凝土的高性能化,从而提高水泥混凝土路面的使用性能,解决普通水泥混凝土路面常见的破损问题,延长水泥混凝土路面的使用寿命,并在全寿命周期内保证其基本使用功能,实现高性能水泥混凝土在公路路面工程中的应用与推广。

本书适宜从事公路工程建设与高性能水泥混凝土研究的同行参阅。

图书在版编目(CIP)数据

高性能水泥混凝土路面结构与材料性能研究 / 吕世勋编著. — 北京 : 人民交通出版社股份有限公司, 2021.11

ISBN 978-7-114-15610-6

Ⅰ.①高… Ⅱ.①吕… Ⅲ.①水泥混凝土路面—研究 Ⅳ.①U416.216

中国版本图书馆 CIP 数据核字(2019)第 110721 号

Gao Xingneng Shuini Hunningtu Lumian Jiegou yu Cailiao Xingneng Yanjiu

书　　名: **高性能水泥混凝土路面结构与材料性能研究**
著 作 者: 吕世勋
责任编辑: 任雪莲
责任校对: 赵媛媛
责任印制: 张　凯
出版发行: 人民交通出版社股份有限公司
地　　址: (100011)北京市朝阳区安定门外外馆斜街 3 号
网　　址: http://www.ccpcl.com.cn
销售电话: (010)59757973
总 经 销: 人民交通出版社股份有限公司发行部
经　　销: 各地新华书店
印　　刷: 北京虎彩文化传播有限公司
开　　本: 720×960　1/16
印　　张: 8.5
字　　数: 120 千
版　　次: 2021 年 11 月　第 1 版
印　　次: 2021 年 11 月　第 1 次印刷
书　　号: ISBN 978-7-114-15610-6
定　　价: 45.00 元

前言

FOREWORD

随着我国经济建设的飞速发展,交通运输需求与日俱增,在目前我国公路网逐步完善的基础上,交通运输对道路的品质要求越来越高,即在行驶的舒适性、安全性、耐久性等方面提出了更高的要求。过去的水泥混凝土路面存在诸多缺陷,使得病害频发,给道路交通造成了一定影响。高性能混凝土的出现,使道路品质提升成为可能。

高性能水泥基复合路面材料具有独特的应变硬化性能和超强的抗拉应变能力,可显著改善传统混凝土材料的脆性性质,同时提高材料的抗断裂能力,能够有效改善材料脆性导致的混凝土路面开裂现象,而且其优异的裂缝控制能力非常有利于混凝土路面对于裂缝宽度控制的要求,在提高路面结构的安全性、耐久性方面具有重要作用。

高性能水泥混凝土路面的可靠性要求包括以下四个方面:安全性、适用性、耐久性和经济性。在道路运营期间,路面结构的耐久性对道路的正常使用有直接影响,然而,目前有些路面设计主要考虑安全性(承载能力)和经济性,对耐久性的考虑不足。因此,对水泥混凝土路面耐久性设计方法进行深入研究十分必要。

本书通过开展对高性能水泥混凝土路面的技术研究,力求实现路面水泥混凝土的高性能化,从而提高水泥混凝土路面的使用性能,解决普通水泥混凝土路面易出现的破损问题,延长水泥混凝土路面的使用寿命,并在全寿命周期内保证其基本使用功能,实现高性能混凝土在公路路面工程中的应用与推广。全书共分为8章:第1章为绪论,介绍了高性能混凝土及其在路面工程中的应用研究背景、研究目的和意义,以及国内外研究现状;第2章分析了纤维增强水泥基复合材料的组成与基本物理性能;第3章阐述了高性能水泥混凝土韧性特征与强韧化机理；第4章对高性能水泥混凝土制备技术与性能展开研究；第5章研究了高性能水泥混凝土收缩特性；第6章阐述了高性能水泥混凝土路面结构设计方法；第7章阐述了寒冷地区高性能水泥混凝土路面施工技术研究的内容。第8章对全书作了小结并进行了研究展望。

本书是在项目研究的基础上编著完成的，在编著的过程中，得到了河北省交通运输厅公路管理局教授级高级工程师刘柱国先生、河北省邢台市交通运输局高级工程师许祥顺先生、河北交通职业技术学院教授田平先生和河北工业大学研究生符雨萌女士及人民交通出版社股份有限公司编辑任雪莲女士等诸位同仁的帮助与支持，在此一并深表谢意。

由于编者水平所限，书中难免存在错误和疏漏，恳请读者批评指正。

作　者

2021年4月

目　录

CONTENTS

第1章　绪　　论

1.1　研究背景

本书以河北省承德市为例,进行高性能水泥混凝土有关性能的研究。通过大力建设和推广应用水泥混凝土路面,不仅可以提高路面使用性能,降低道路建设成本,还可以通过大量使用水泥材料,拉动地方水泥业市场,有利于促进当地经济发展。

承德市地质及水文条件较好,水源多为中性水或弱碱水,强腐蚀性物质含量少,对混凝土结构腐蚀性低;地层分布稳定,岩性单一,未见不良地质现象,抗震设防烈度低;路基土质较好,对公路建设十分有利。该地区干湿季节湿度变化范围较大,四季温差大,冬季气温低,对道路结构的抗冻要求较高。冬季降雪后除雪盐的使用对水泥混凝土路面危害极大,需要着重提高路面结构的抗盐冻性能。该地区以采矿、建筑材料生产为支柱产业,公路交通中大型重载车辆占比大;由于地处山岭重丘区,公路平均纵坡较大,平曲线半径较小。因此,该地区对公路结构的路用性能要求高,普通混凝土路面及沥青路面难以满足公路建设要求。

在公路建设方面,截至2020年底,承德市各级公路总里程24042km,其中高速公路6条759km;普通国省干线公路2833km;农村公路20450km。水泥混凝土路面几乎全部用于低等级农村公路或农村公路的村村通工程。

从公路建设资源的地方产业化和节约公路建设成本的角度来看,近年来,水泥混凝土路面以其刚度大、抗疲劳性能强的特点得到广泛应用。但由于交通荷载、自然环境条件等外部作用以及自身的老化衰变等因素的影响,水泥混凝土路面不可避免地会产生破坏,其一旦开始破坏,破损会迅速发展,影响公路通行能力和行车安全。因此,为了确保路面的完好状态,延长路面的使用寿命,除了及时、合理地养护和维修,采用更高性能的路面材料十分必要。

高性能混凝土要求新拌混凝土除具有易浇注、捣实而不离析，硬化后强度高，能长期保持力学性能，还具有早期强度发展快、韧性好、体积稳定性好、在恶劣条件下耐久性能优异等性能。

1.2 研究目的和意义

1)研究目的

本书的研究目的是针对水泥混凝土路面的使用性能要求，通过开展对高性能水泥混凝土路面的技术研究，实现路面水泥混凝土的高性能化，提高水泥混凝土路面的使用性能，解决普通水泥混凝土路面常见的破损问题，延长水泥混凝土路面的使用寿命，并在全寿命周期内保证其基本使用功能，促进高性能水泥混凝土在公路工程中广泛应用。

2)研究意义

(1)促进经济社会健康发展。通过高性能水泥混凝土的应用，提高路面使用性能，从而提升交通运输效率，促进经济社会快速健康发展。

(2)通过高性能水泥混凝土路面施工技术的应用，促进地方水泥资源的开发和利用，从而拉动当地经济发展。

(3)节约道路建设成本。水泥混凝土路面的建设成本要比沥青更经济。经测算，沥青混合料为 1000 ~ 1200 元/m^3，而水泥仅需要 500 ~ 600 元/m^3。按厚度计算，18cm 厚沥青路面高速公路 1m^2 造价 180 ~ 240 元，而 28cm 厚的水泥路面 1m^2 造价只需要 90 ~ 120 元。水泥混凝土路面相比沥青路面，强度更高，稳定性更好，其受油污污染、磨光后，易清洗、清理和重新拉毛。

(4)有关研究资料表明，水泥混凝土路面运营经济性要高于沥青路面。汽车在高速公路上以 60km/h 速度行驶时，在水泥混凝土路面的行车油耗要比沥青路面节省 8%；以 120km/h 速度行驶时，在水泥混凝土路面的行车油耗要比沥青路面节省 15 %。

(5)陡坡路段水泥路面性能优越。在陡坡路段，水泥混凝土路面相比沥青路面，强度更高，稳定性更好。

1.3 国内外研究现状

1.3.1 国外研究现状

1998 年 FHWA 科学研究与技术协调委员会(RTCC)提出长寿命低维护公路路面课题,强调降低道路全寿命成本最主要的技术手段便是使用高性能混凝土。充分吸取现代水泥混凝土材料科学研究的成果,结合水泥混凝土路面材料学的研究,是全面提高路面水泥混凝土品质的基础性工作。

早在 1990 年初,美国国家标准与技术研究所(NIST)与美国混凝土协会(ACI)就正式提出了“高性能混凝土”这一概念,其对高性能混凝土的定义是:混凝土材料布料均匀,便于振捣,不离析,力学性能稳定,早期强度高,具有韧性和体积稳定性能。为达到这一目标,研究人员提出了采用优质原材料,严格控制集料级配,采用六组分掺加超细粉的方法来提高混凝土的性能。针对混凝土过早劣化问题,发达国家掀起过一个以改善混凝土材料耐久性为主要目标的“高性能混凝土”开发研究的高潮,并得到了各国政府的重视。

1.3.2 国内研究现状

我国发展高性能混凝土的时间较短。清华大学吴中伟院士于 1992 年将“高性能混凝土”的概念引入国内,1994 年他又针对我国水泥混凝土工业存在的可持续发展问题提出“环保型胶凝材料”“绿色高性能混凝土”等重要概念。清华大学的冯乃谦教授对高性能混凝土在我国的发展方向做了以下概括:人类与环境共生是高性能水泥混凝土发展的新方向。南京水利科学研究院研究开发了耐磨蚀的高性能混凝土,提供了这类混凝土的综合参数和性能,如渗水性、气孔率、坍落度损失、凝结时间、力学性能、尺寸稳定性、耐久性、耐磨蚀性等。中南大学土建学院开发的粉煤灰高性能混凝土,经过 200 万次抗疲劳试验及徐变试验,证明其可以用于 32m 跨径的预应力钢筋混凝土铁路桥。

第 2 章　纤维增强水泥基复合材料组成与基本物理性能分析

2.1　水泥基增强复合材料微观设计理论

1992 年,美国密歇根大学先进土木工程材料研究工作实验室研究了工程用水泥基增强复合材料(Engineered Cementitious Composite,简称 ECC)。ECC 是一种经过系统设计,在拉伸和剪切荷载下呈现高延性的纤维增强水泥基复合材料。ECC 复合材料在聚乙烯醇(PVA)纤维体积率约 2% 的掺量下,最大拉应变可达到 3% 甚至更高,为普通混凝土的 150 ~ 300 倍,普通纤维混凝土的 30 ~ 300 倍。ECC 在拉伸状态下呈多条细密裂缝的开裂模式,不管极限拉应变如何,平均裂缝宽度始终保持在 60μm 左右,因此 ECC 自我控制裂缝宽度的能力成为改善混凝土结构耐久性的一个重要特性,将其用于混凝土结构保护层,荷载作用下的裂缝可以得到有效控制,减少有害介质的侵入,从而提高混凝土结构的耐久性。

对 ECC 的大量研究表明,纤维增强作用的基础即纤维桥联理论。ECC 具有良好的应变硬化行为和超高的极限拉应变,其主要来源于纤维桥联作用下的裂缝稳定扩展过程,由此获得的多缝开裂特征。要获得这一稳定的多缝开裂过程,最重要的条件是满足强度准则和能量准则。典型拉伸强度-应变硬化曲线见图 2-1。

2.1.1　强度准则

多缝开裂特性的准则之一——强度准则规定:基体初始开裂强度 σ_{cr}不得超过纤维的最大桥联强度 σ_0,即

$$\sigma_{cr} < \sigma_0 \tag{2-1}$$

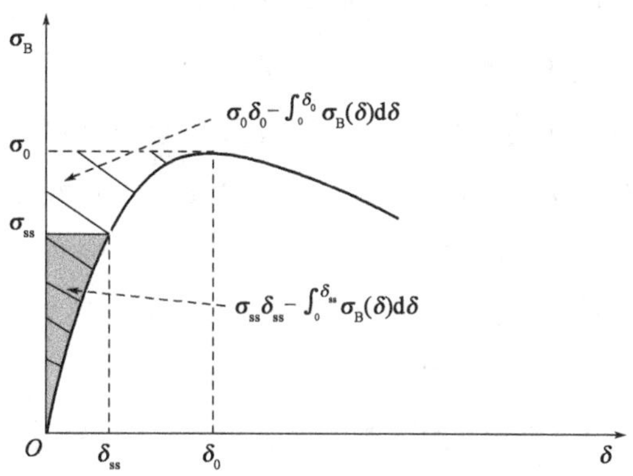

图 2-1 典型拉伸强度-应变硬化曲线

基体初始开裂强度(对应产生第一条裂缝时的开裂强度)依赖于基体内存在的缺陷尺寸 c 以及基体的断裂韧度 K_m。设计理论要求基体受力达到开裂强度产生裂缝时,在纤维桥联作用下,开裂处的应力由纤维承担,纤维依靠与基体间的界面粘结,将应力传递给周围未开裂的基体。随着传递应力的增大,达到周围基体的开裂强度时会产生新的裂缝,如此循环往复,直至出现大量间距相当的细小裂缝,即裂缝达到饱和,多缝开裂过程结束。显然,若违背强度准则,将导致开裂处纤维被拉断,不能继续向基体传递应力,而不会发生后续的多缝开裂过程,即不会具有应变硬化效应。

为获得多缝开裂特征,需满足式(2-1)的强度准则。同时,已有研究表明,σ_0/σ_{cr}越大,强度准则越容易实现。但该值大幅度降低时,会引起基体初始开裂强度和抗压强度的降低,导致 ECC 力学性能减弱。因此,可通过合理提高纤维掺量及纤维强度,改善纤维/基体界面性能等方法实现提高纤维的最大桥联强度 σ_0,以满足强度准则要求。要在满足强度准则基础上想要获得良好的应变硬化性能和较高的初始开裂强度及抗压强度,以及较好的工作性能、较低的造价,则还需要对 ECC 的原材料选取进行精准的理论计算并做好制备调整工作。

首先,基体组成材料除包含普通砂浆所需的胶凝材料、细集料、水及减水剂外,ECC 要求所使用的胶凝材料为Ⅰ型普通硅酸盐水泥(矿物掺合料使用粒径 10 ~ 20μm 的 F 型低钙粉煤灰或粒化高炉矿渣),集料为最大粒径 250μm、平均粒径 110μm 的细硅砂,并配合减水性能优越的超塑化剂共同使用,在此基础上合理进行配合比设计。表 2-1 为典型的 ECC 配合比。由表 2-1可以看出,ECC 配合比较普通纤维增强水泥基复合材料具有相对较高的水灰比和较低的砂灰比。较高的水灰比和较低的砂灰比能够降低基体强度,使得基体开裂强度不超过纤维的最大桥联强度,进而满足设计理论中的强度准则。制备过程采用改进的砂浆拌和方法,在保持水灰比不变的基础上将粉状固体和水分批加入,通过这种方法使制备的砂浆基体流动性良好,纤维在其内部分散均匀,避免结团、缠绕,从而充分发挥纤维的增强增韧作用,在一定程度上提高了纤维的桥联能力。

典型 ECC 配合比 表 2-1

质量比					纤维的体积分数(%)
水泥	砂	石灰	水	减水剂	
1.0	0.8	0.8	0.43	0.03	2.0

2.1.2 能量准则

多缝开裂特性的第二个准则即能量准则。能量准则通过控制裂缝扩展方式确定纤维承受应力后拔出或断裂的破坏模式来分析多缝开裂过程。要获得稳定的裂缝扩展模式应满足裂缝扩展过程中的能量平衡,因此能量准则规定:首先,加载到基体上的拉伸应力产生应变的能量必须等于抵消裂缝尖端强度所需的能量以及使裂缝抵抗纤维桥联应变扩展的能量。

聚乙烯(PE)纤维和聚乙烯醇(PVA)纤维增强时要对纤维表面分别进行亲水和憎水处理。原因在于 PE 纤维属憎水材料,在使用过程中与基体仅存在摩擦黏结,纤维/基体界面黏结薄弱,纤维受力时极易从基体内拔出,导致峰值应力 σ_0 较小,补足能量小。因此,需要对其进行表面亲水处理,增大其化学黏结性,进而增强纤维/基体材料性能,纤维材料在使用过程中与水泥基材料存在极大的化学黏结性,纤维/基体界面黏结过强,纤维承受应力时纤维不是拔出而是被拉断,裂缝数量减少,应变值小。因此,需要对 PVA 纤维进行表面憎水处理，以减弱其化学黏结，使得纤维与基体作用过程中不断发生纤维拔出和应力传递，发生稳定的多缝开裂过程，提高应变能力。

总之，在ECC的生产制备过程中，要充分考虑纤维、基体和纤维/基体界面这三方面的性能参数，从微观力学角度出发合理设计纤维桥联和应力传递过程，根据强度和能量准则，在纤维桥联的基础上使基体能够发生裂缝的稳定扩展，从而制备出伴随多缝开裂特征和良好应变硬化效果的ECC。裂缝桥联及复合材料延性之间的关系如图2-2所示。

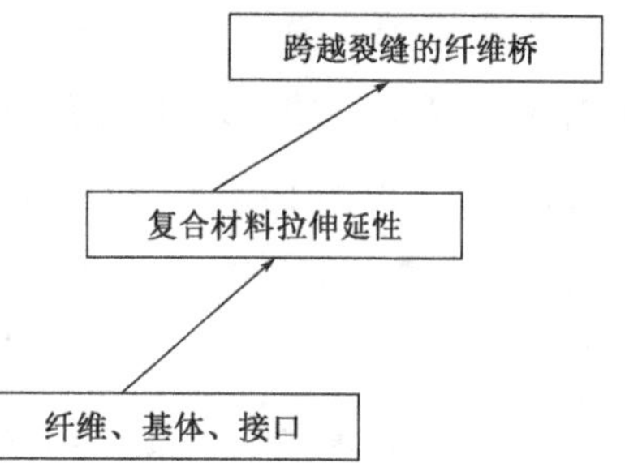

图2-2　裂缝桥联和复合材料延性之间的关系

2.2　高性能纤维增强水泥基复合材料（PVA-ECC）的耐久性能

2.2.1　高性能纤维增强水泥基复合材料（PVA-ECC）的抗冻性能

Victor C. Li等人的试验研究表明，PVA-ECC试件经过300次冻融循环后没有出现任何表面劣化的现象，试件的极限拉伸应变也仅从3%下降到2.8%，抗压强度与标准养护的试件相比下降了22%。

（1）纤维对水泥基复合材料抗冻性的影响

在冻融循环累积作用下，水泥基复合材料会产生开裂或原有微细裂纹会继续扩展。吴中伟认为，水泥基材料的复合化是提高性能的主要途径之一，而核心是纤维增强。Sahmaran等人对水泥基复合材料抗冻性进行了试验研究，主要针对质量损失、超声波、极限应变和弯曲强度在经历了冻融循环前后的变化，与不加纤维的混凝土进行了对比。结果表明：不加纤维的混凝土在经过冻融循环后已严重劣化，而掺加纤维的水泥基复合材料混凝土却表现出良好的抗冻性能，极限拉伸强度和韧性降低幅度很小，且动弹性模量并没有降低，极限应变量约为3%，远高于不加纤维的水泥基复合材料混凝土的应变量。PVA 纤维较细,在水泥基材料中能够均匀分布,单位面积内纤维较多,对水泥基体有很好的约束作用,能够很好地抵抗冻融循环作用下产生的膨胀压力,从而提高材料的抗冻能力。

刘曙光等人通过 PVA-ECC 盐冻试验研究发现:掺入适量的 PVA 纤维,可有效提高基体的抗剥落能力,改善材料冻融性能。水泥基复合材料的冻融性能随 PVA 纤维掺量的增加而提高;PVA 纤维在水泥基复合材料中分散性较好,纤维和水泥基体界面结合状况比钢纤维和聚丙烯纤维好,因为纤维的阻裂作用,混凝土的初始裂缝数量大大减少,而且抑制了裂缝的宽度和长度,最终降低了通缝的形成,提高了水泥基复合材料混凝土的抗冻性。

徐世烺、蔡新华进行了水泥基复合材料混凝土的抗冻融循环试验,并与同强度等级的普通混凝土、引气混凝土和钢纤维混凝土进行对比。试验结果表明:在经过 300 次冻融循环后,水泥基复合材料混凝土质量损失超过 1%,动弹性模量损失不到 5%。

(2)粉煤灰对 PVA-ECC 抗冻性能的影响

粉煤灰的掺入,一方面降低了混凝土与集料界面过渡层的孔隙率,另一方面由于细微颗粒及其水化产物填充水泥石孔,改善了混凝土的孔结构,而且粉煤灰的一部分空心玻璃球体引入混凝土中,会切断毛细孔渗水的通道,从而提高混凝土的抗冻性。另外,研究表明,对于掺粉煤灰的 ECC 混凝土,只要加入适量的引气剂,还可以进一步提高其抗冻性能。

周伟对大量掺粉煤灰 PVA-ECC 的抗冻性能进行研究,结果表明:经 150 次冻融循环后,PVA-ECC 的抗剥落能力较普通混凝土强,PVA-ECC 梁经过冻融循环后,在试件表面只有部分出现纤维起毛,几乎不出现表面剥落现象,PVA-ECC 薄板经过冻融循环后仍能保持较好的外观完整性;初裂荷载和极限荷载均降低,弯曲挠度增大,尤其是在盐溶液中进行冻融的试件;PVA-ECC 在水中的抗冻性优于在盐溶液中的抗冻性;经水中冻融 150 次时韧性达到最大,在盐溶液中冻融 50 次时韧性达到最大。

(3)硅粉对 PVA-ECC 抗冻性能的影响

王秀红等人的研究表明:纤维水泥基复合材料中掺入硅粉,明显提高了水泥基复合材料的抗冻融性,而且抗冻融能力随着硅粉掺量的增加不断增强。

因为硅粉的细度大,具有较高的无定形性以及 SiO_2 的含量高,在纤维增强水泥过程中会产生填充效应、火山灰效应,使水泥基的结构更为致密,孔隙尺寸得以降低,同时阻断了许多连通孔,减少了毛细孔水的数量,进而提高了水泥基体的抗冻性能。

(4)冻融介质对 PVA-ECC 抗冻性能的影响

冻融循环试验的冻融介质通常采用 NaCl 溶液。据有关文献介绍:溶液质量分数影响混凝土材料抗盐剥落性能,过高或过低的溶液质量分数都会减少混凝土的剥落,经试验研究发现,临界质量分数为 3.0% ~4.0%。

2.2.2 PVA-ECC 的抗渗性能

混凝土的渗透性是指流体介质通过混凝土内部的难易程度。混凝土是一种多孔材料,水最容易通过孔隙进入混凝土介质,但同时因水携带了有害离子会引起混凝土的破坏。所以,水在混凝土中的渗透速度决定了混凝土的劣化速度,研究水在混凝土中的渗透性具有普遍意义。

杜志芹、孙伟等学者的研究表明,掺加了 PVA 纤维的混凝土的抗渗性有所提高,是因为其自身强度和弹性模量较高,有较高的阻裂效果,有效地抑制了裂纹的产生与发展。

(1)纤维掺量对 PVA-ECC 抗渗性能的影响

PVA-ECC 抗裂的机理建立在 PVA 纤维对混凝土的固结、收缩的基础上。在混凝土内部,PVA 纤维能够形成一种均匀的支撑体系,有效阻止微裂缝发展成细裂缝,因此 PVA 纤维可以明显提高水泥基复合材料的抗渗性能。

刘曙光等研究了 PVA 纤维体积率对水泥基复合材料抵抗压力水的抗渗性能的影响。研究表明:纤维体积率为 0.5% 和 1% 时,材料体现出优良的抗渗性能,这是因为纤维抑制了材料早期收缩裂缝的产生和发展,有效降低了材料的孔隙率;另外,纤维减小了水泥基体的失水面积,增大了水分迁移的难度,减小了毛细管因失水收缩所形成的张力,从而提高了水泥基复合材料的抗渗性。

但郑志均等人通过试验研究发现:体积掺量为0.5%的PVA纤维混凝土,由于混凝土流动度减小,混凝土中的薄弱界面和孔隙等缺陷增加,其抗压强度和抗氯离子渗透性能有所下降。

(2)引气剂对PVA-ECC抗渗性能的影响

引气剂是一种降低固液气相界面张力的活性剂,混凝土中掺入引气剂后,微小气泡在混凝土的搅拌过程中会被引入,且其具有分布均匀、封闭、互不连通等特点。

杜志芹等学者的研究表明:掺加适量引气剂后,由于引入的微小气泡分布均匀且独立封闭,所以引入气泡量在一定范围内可以有效抑制水的渗透。当引气剂的掺加量为0.05%时,可最大幅度提高混凝土的抗渗性;当引气剂的掺量超过0.06%时,混凝土的抗渗性能开始下降。

(3)粉煤灰、硅粉矿物掺合料对PVA-ECC抗渗性能的影响

矿物掺合料能够明显地改善混凝土的抗氯离子渗透性,主要原因有以下两个方面:

①矿物掺合料能够改善混凝土的水化反应和微观结构,降低混凝土孔隙率,使孔径细化,提高混凝土对氯离子渗透的扩散阻力。

②矿物掺合料可提高混凝土对氯离子的固化能力。

周伟、杨英姿等人对大量掺粉煤灰的ECC混凝土通过氯离子快速扩散试验发现,ECC混凝土抗渗性与普通混凝土相比明显较差。这是由于纤维的加入,为氯离子的进入提供了通道,而且大掺量粉煤灰的使用也降低了结构的密实性。

刘曙光等通过粉煤灰、硅粉对PVA纤维水泥基复合材料抗渗性的研究表明:粉煤灰虽然能够减缓水化反应,但是未完全水化的水会使PVA纤维水泥基复合材料内形成毛细孔,毛细孔很容易与其他孔隙相连形成连通孔,从而减小了PVA纤维水泥基复合材料的抗渗能力。硅粉能减缓水化反应,而且比粉煤灰流动性更高,提高了PVA纤维水泥基复合材料的密实度,降低了PVA水泥基复合材料的孔隙率。因此,相对于粉煤灰,硅粉对PVA纤维水泥基复合材料的抗渗性能有利。

(4)水胶比对 PVA-ECC 抗渗性能的影响

混凝土的孔隙结构特征由水胶比决定。随着水胶比的增大,混凝土的孔隙率也会增大,从而增加了连通孔的数量,使混凝土的抗渗性降低。此外,混凝土中水泥浆体与集料的过渡区处的裂缝和连通孔隙进一步降低了混凝土的渗透性。水胶比对 PVA-ECC 抗渗性能的影响还需进一步研究。

Powers 对水胶比影响混凝土渗透性的研究表明:水胶比大于 0.55 时,渗透系数会急剧增大;水胶比低于 0.6 时,毛细孔的孔径变小,易被水泥水化物堵塞,增大了流动阻力,渗透系数降低。

(5)养护龄期对 ECC 混凝土抗渗性能的影响

随着龄期的增长,水泥水化的程度加大,不仅使混凝土孔隙率、孔径减小,还会使毛细孔的贯通程度减小,最终导致渗透性降低。

赵铁军等人以养护了 30d 的混凝土渗透性为基准,测试了混凝土 70d 和 130d 的渗透系数。普通水泥混凝土测试结果表明,当养护到 70d 时渗透系数降至 56% ~76%,养护到 130d 时渗透系数降至 50% ~60%;矿渣混凝土测试结果表明,养护到 70d 时渗透系数降至 52% ~72%,养护到 130d 时渗透系数降至 33% ~43%;粉煤灰混凝土测试结果表明,养护到 70d 时渗透系数降至 25% ~33%,养护到 130d 时渗透系数降至 13% ~16%。

2.3 目前研究的不足

目前对于 PVA-ECC 混凝土抗冻性和抗渗性的研究虽然取得了一定的成果,但是在如下几方面还需要继续深入研究:

(1)纤维的分布是影响纤维混凝土性能的重要因素,目前关于纤维分布对混凝土的抗冻性和抗渗性能的影响还未见系统的研究。

(2)目前,对于单掺矿物掺合料的抗冻性能研究较多,对多种矿物掺合料的 PVA-ECC 混凝土的抗冻性能需要进一步研究。

(3)普通混凝土冻融循环后的氯离子浸泡试验结果表明:冻融对氯离子在普通混凝土中的扩散有明显影响。随冻融循环次数的增加,氯离子在普通混凝土中的渗透扩散速度也会加快,氯离子扩散系数增大。但是对于 PVA-ECC 混凝土,还没有系统研究。

(4)目前对于抗渗性能的研究仅停留在对单一因素的定性研究,有关定量的研究有待进一步开展,特别是对多因素同时作用下混凝土耐久性能的研究还鲜有报道,需进一步研究。

(5)水胶比对混凝土抗渗性影响的研究虽较多,但大多采取定性的趋势反映扩散性能的强弱,至今仍不能得出一个用水胶比定量的范围表达氯离子扩散性能的结论。

(6)对于混凝土抗冻性能的评价标准,目前主要采用含气量、气泡间距系数作为一定环境下混凝土的耐久性评价指标,但是关于评价指标并没有考虑到盐冻情况下盐浓度差产生的渗透压的影响。因此,建议增加关于抗氯离子渗透性的评价指标。目前普遍应用的电通量法的测试只能得到一个定性结果,不能和结构的耐久年限直接联系起来。

2.4 本章小结

在全球范围内,混凝土基础设施的耐久性问题亟待解决,而解决脆性材料的低耐久性问题是关键。PVA-ECC 材料在荷载作用下,具有良好的延性和自我控制裂缝宽度的能力,这种材料能有效地解决混凝土耐久性不足的问题。目前的研究更多关注于 PVA-ECC 的力学性能,关于耐久性能尚需进一步研究,以推动 PVA-ECC 材料在实际工程中的应用,解决混凝土基础设施的耐久性问题。

第3章 高性能水泥混凝土韧性特征与强韧化机理

3.1 高性能混凝土性能试验分析

水泥混凝土路面的损坏可分为裂缝损坏、接缝损坏、变形损坏、松散损坏以及修补损坏。裂缝损坏主要是指纵、横、斜向裂缝;接缝损坏主要是指纵缝和横缝的损坏;变形损坏主要是指唧泥、错台、拱起;松散损坏主要是指坑洞和层状剥落。裂缝损坏的产生主要是由于早期养护不当、水灰比控制不严、施工离析、车辆荷载等,要避免或减轻此类损坏可适当降低水灰比(所以高性能混凝土一般取0.28)、加强早期养护(高性能混凝土一般要求施工完成后立即进行养护),对由于荷载产生的裂缝可通过提高混凝土的强度来抵抗外界变形,对混凝土路面而言就是通过提高混凝土的抗折强度,达到提高抵抗汽车荷载作用的目的,同时也相应提高混凝土的耐久性。

对于混凝土变形损坏的预防措施而言,首先应提高混凝土基础和路基的强度以及抗变形能力,以防止不均匀沉降的产生;其次在养护、开放交通、施工等方面应引起足够重视,防止混凝土板的变形。对于松散损坏的防治,应当通过提高混凝土强度,采取综合防治措施,如加强抗冻、均匀振实等,防止混凝土松散损坏的产生。另外,对接缝损坏的防治,主要应及时切缝、清缝(高性能混凝土路面的切缝比普通混凝土路面要早),防止纵、横缝密封不严、老化,产生基层渗水。综上所述,提高混凝土强度、加强施工养护、提高混凝土抗磨耗性等耐久性能,是提高混凝土寿命的必然途径,也是高性能混凝土得以应用推广的重要决定因素。高性能混凝土路面是一种长寿命、低维护(或不维护、较少维护的路面)的路面,推广应用高性能混凝土路面是今后发展的方向。

对高性能混凝土进行室内试验时,采用不同方法会得到不同的试验结果。一般来讲,混凝土强度越高其影响越大。因此,在分析研究高性能混凝土时应特别注意试验条件、试验方法,应特别重视以下因素:

(1)端头约束情况;

(2)试件高宽比;

(3)试验机,包括球座、偏心率、试验机刚度、加荷速度。

另外,压力机量程、试件尺寸同样会影响试验结果,因此推荐使用试验强度值在压力机最大量程的一半左右,最好不超过最大量程的80%,且试件多采用标准试件,应严格按试验操作规程进行试验。

研究与应用高性能混凝土路面,应综合考虑高性能混凝土在路面中的应用特征,包括上述大量的室内试验所研究和必须考虑的各种因素;另外还应注意采用高性能混凝土铺筑路面时的损坏机理,抗磨性、耐久性等对路面路用性能的影响。

3.2 纤维对混凝土力学性能及开裂后抗渗性能的影响

3.2.1 采用四点弯曲韧性试验对比研究纤维混凝土的弯曲韧性

试验试件共分为4组,每组为3个试件。采用Dramix RC-65/25-BN端部弯钩型钢纤维,每组纤维掺量分别为0kg/m^3、25kg/m^3、35kg/m^3、55kg/m^3。梁试件尺寸为100mm×100mm×400mm,试验时梁的跨度为300mm。试件在浇筑成型24h后拆模,并放置在温度为(22±2)℃、湿度≥95%的标准养护条件下养护28d,之后取出进行四点弯曲试验。试验加载设备为1000kN液压伺服试验机,采用位移加载,在梁的跨中两侧布置了LVDT位移传感器,试验装置见图3-1。

图 3-1 纤维混凝土梁 ASTM 四点弯曲试验装置

3.2.2 四点弯曲试验荷载-挠度曲线分析

参照《纤维混凝土弯曲性能的标准试验方法》(ASTM-C1609),得出各纤维掺量下梁试件的荷载-挠度关系,由荷载-挠度关系可看出,素混凝土梁试件在开裂后迅速发生破坏,在挠度大于 65mm 后完全丧失承载能力;纤维混凝土梁则具有一定的延性,在荷载超过峰值后下降较为缓慢。

(1)抗弯强度与纤维掺量关系分析

根据试验得到的荷载-挠度曲线,可得出 ASTM 四点抗弯试验的比例极限和极限抗弯强度,结果见表 3-1。

ASTM 四点弯曲试验抗弯强度(单位:MPa) 表 3-1

试件编号	PC	SF25	SF35	SF55
比例极限 f_L	5.15	6.71	7.44	7.22
极限抗弯强度 f_u	5.15	6.71	7.44	8.35

表 3-1 中,试件 PC 代表无掺量梁,SF25 代表掺入 25kg/m^3 钢纤维的梁,SF35 代表掺入 35kg/m^3 钢纤维的梁,SF55 代表掺入 55kg/m^3 钢纤维的梁。由表 3-1 可以看出,随着纤维掺量的增加,纤维混凝土梁的极限抗弯强度明显增加;掺入 25kg/m^3 钢纤维后,梁的极限抗弯强度与素混凝的相比提高了 30%;钢纤维掺量为 35kg/m^3 时,梁的极限抗弯强度与素混凝土的相比提高

了44%；当钢纤维掺量增加至55kg/m^{3}后，梁的极限抗弯强度与素混凝土的相比提高了62%，并且此时梁的极限抗弯强度大于比例极限，出现挠度硬化现象。

(2)四点弯曲试验指标分析

根据《纤维混凝土弯曲性能的标准试验方法》(ASTM-C1609)中抗弯强度和弯曲指标的计算方法，还可得出纤维混凝土梁的相应参数，结果见表3-2。

抗弯强度和弯曲指标(单位:MPa)　　表3-2

试件编号	f_u	f_{150}	f_{600}	T_{150}
PC	5.15	—	—	—
SF25	6.71	6.07	6.48	25653
SF35	7.44	5.11	7.12	39067
SF55	8.35	6.56	8.18	48035

注:f_u为试件PC梁的抗弯强度;f_{150}为试件SF25梁的抗弯强度;f_{600}为试件SF35梁的抗弯强度;T_{150}为试件SF55梁的抗弯强度。

分析表3-2可发现，掺入钢纤维后，试件SF25、SF35和SF55在挠度为2mm的残余抗弯强度为比例极限的46%、69%、91%，在挠度为0.5mm的残余抗弯强度为比例极限的97%、96%、113%。由此可以看出，纤维掺量为55kg/m^{3}时，梁试件呈现出挠度硬化的现象。从挠度值为2mm时对应的能量吸收值与纤维掺量的关系可以看出，当纤维掺量从25kg/m^{3}增加到35kg/m^{3}时，纤维掺量增加了10kg/m^3，试件的能量吸收值增加了52%；当纤维掺量从35kg/m^{3}增加到55kg/m^{3}时，纤维掺量增加了20kg/m^3，试件的能量吸收值增加了23%。从上述分析可知，纤维可提高混凝土的能量吸收能力；随着纤维掺量的增加，纤维对试件能量吸收能力的提高幅度有所减缓。

3.2.3 数码显微镜(Supereyes)测量裂缝宽度

实际裂缝一般具有一定的不规则性，为了对比和校正LVDT采集的水平径向位移与试件界面实际裂缝宽度的关系，确保下一步渗透性试验的可靠性，采用数码显微镜(Supereyes)对巴西圆盘劈裂后的带裂缝试件进行观察，如图 3-2 所示。沿试件裂缝长度方向，利用数码显微镜测出圆饼试件直径 5mm、10mm、15mm…100mm 处的裂缝宽度值及 LVDT 处的宽度值，分析其变化规律。

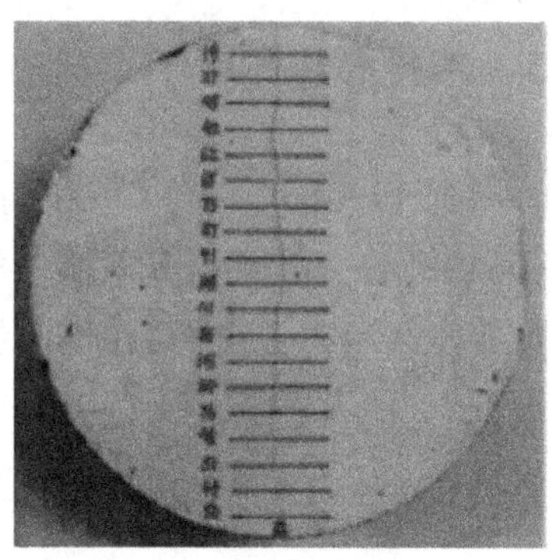

图 3-2 数码显微镜(Supereyes)测量裂缝宽度

使用数码显微镜测量裂缝宽度步骤如下：

(1)在计算机上安装数码显微镜对应的软件程序。

(2)将数码显微镜图像采集装置通过计算机的 USB 接口与计算机相连。

(3)运行计算机上数码显微镜软件，打开图像采集装置的灯光，通过标尺校正数码显微镜软件初始参数值。

(4)设置完毕后即可通过数码显微镜进行裂缝宽度的采集、读数和记录。

3.2.4 摄像法及 IPP 图像后处理

采用 IPP(Image Pro Plus)软件处理裂缝实际长度，来研究掺入纤维后，引入混凝土试件中的裂缝曲折的变化规律。IPP 是一款功能强大的图像处理和分析软件，它包含了十分丰富的图形元素测量工具，并允许用户自行编写针对特定应用的宏和插件，适合于材料成像、质量控制、荧光成像及其他研究。采用 IPP 软件分析裂缝长度的步骤如下：

(1)利用高清摄像机采集试件裂缝形态的图像。

(2)参照试件图像中标尺标定 IPP 软件，建立实际尺寸和图片像素之间的联系。

(3)利用 IPP 曲线采集和自动计算功能,可方便、快捷地得出实际裂缝曲线的长度,以及测量初始点和结束点之间的直线长度。

3.2.5 裂缝形态测量结果与分析

沿裂缝走向利用数码显微镜(Supereyes)测出试件直径 5mm、10mm、15mm…100mm 处的裂缝宽度。采用位移计 LVDT 可实现在加载过程中对裂缝宽度的初步控制。可以看出,在试验卸载后试件裂缝宽度在全截面范围内并不是一个定值,这与圆盘劈裂试验过程中试件内部中间受拉、两端受压的应力分布形式有关,因此需考虑渗透性试验时水流透过试件的全截面裂缝处的差异。

利用数码显微镜(Supereyes)和 IPP 图像处理技术,对裂缝的宽度、曲折度进行分析和统计;在圆盘劈裂试验的基础上加以改进,得出以下基本结论:

(1)通过巴西圆盘劈裂试验引入试件中的裂缝,其宽度沿开裂路径并不是一个固定值,可采用有效裂缝宽度来考虑裂缝宽度在全截面范围内的变化。

(2)LVDT 采集的水平径向位移与试件中部裂缝宽度基本相同,但与试件整体的有效裂缝宽度之间存在一定的差异(具有 0.803 倍的线性关系)。

(3)纤维的桥联、阻裂效应可在一定程度上提高裂缝的曲折度,且钢纤维的影响大于聚丙乙烯纤维(PP 纤维),复掺纤维也可取得较好的效果;随着纤维掺量的增加,裂缝走向越来越蜿蜒曲折,对应的裂缝曲折度也越大。

3.3 落锤冲击试验机落锤冲击速度的测定方法

落锤冲击试验机可分为金属冲击试验机和非金属冲击试验机。其基本结构由支架部分、提升系统、锤体、砧座、安全防护系统及控制系统组成。其工作原理:锤以规定质量和尺寸从规定高度自由下落,由重力势能转化为动能,冲击试验样品规定的部位,即可测出该批产品的耐冲击性能。此试验方法可以通过改变落锤的质量或高度来满足不同的技术要求。以下根据落锤冲击试验机的工作原理,阐述落锤冲击速度的测定方法。

3.3.1 落锤冲击速度测量原理

落锤的冲击能量是由落锤在固定高度做自由落体运动,将重力势能转换为动能产生的。因此落锤的冲击速度也是自由落体运动产生的。计算公式如下:

$$v = gt \tag{3-1}$$

式中:v——自由落地瞬时速度;

g——重力加速度,取 9.80665m/s^2;

t——落锤冲击时间。

只需要测量落锤冲击时间,就可以准确地计算出落锤的冲击速度。

3.3.2 计时装置的组成

计时装置组成示意如图 3-3 所示。

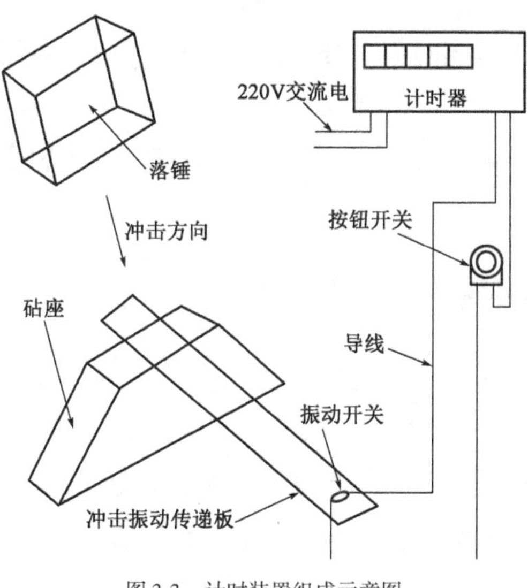

图 3-3 计时装置组成示意图

(1)高精度计时器:分度值0.001s,精度优于0.1%。采用开关信号控制,触点短路为开始计时,断开为计时结束。

(2)高灵敏度振动开关(常开模式):平衡位置时为常闭,受到振动瞬间断开,响应时间小于0.2ms。

(3)按钮开关:常闭开关。

(4)冲击振动传递板:一个20mm×400mm×1mm的普通铁板。将这个铁板放在砧座上,当落锤下落到最底端,锤击到传递板上会产生一个振动,这样就会引起右上角的常闭振动开关断开,计时器停止计时。

3.3.3 计时装置工作流程

(1)按照图示接好导线。

(2)将落锤提升到指定高度,并将振动传递板放到砧座上,与砧座平面平行。

(3)接通220V电源,打开计时器,预热并清零。

(4)在释放落锤的同时打开按钮开关,计时器开始计时。

(5)当落锤下落到砧座上,并击中振动传递板,使其产生振动并引起振动开关断开,计时器停止计时。

(6)从计时器上读出时间t,根据式(3-1)即可计算落锤的下落速度。

3.4 落锤冲击试验系统搭建

3.4.1 整体系统简介

落锤冲击试验机能够独立完成冲击试验的碰撞与数据采集分析。试验机由三大系统组成:机械结构系统、测量与数据处理系统及控制系统,如图3-4所示。机械结构系统包括地基与底板、机械钢架结构、落锤结构、提升与释放机构;测量与数据处理系统包括信号测量系统、数据采集系统、数据处理系统。

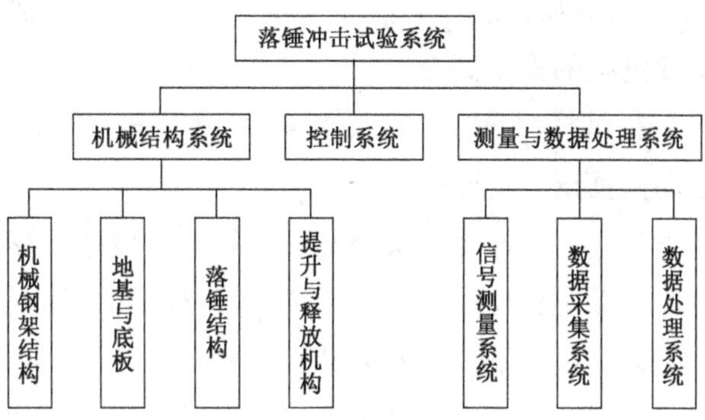

图 3-4　落锤冲击试验系统框架图

3.4.2　落锤冲击试验机的机械结构及性能

落锤冲击试验机由主机机架部分、试样定位部分、锤头部分、防二次冲击部分、抓提锤部分、提升部分、弹射部分、电机拖动部分、电机控制部分组成。图 3-5 为冲击试验机机械结构简图。

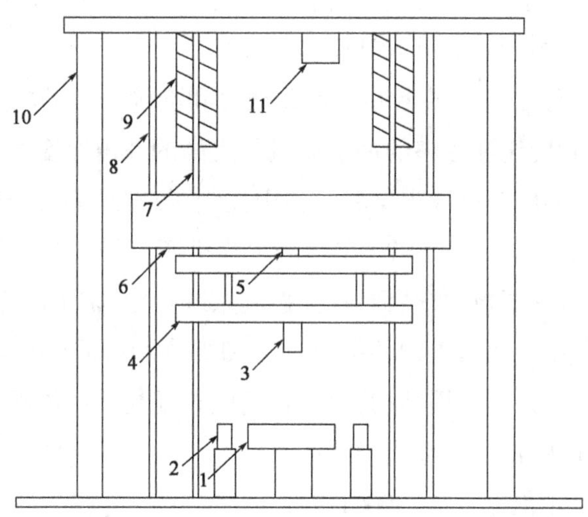

图 3-5　落锤冲击试验机机械结构简图

1-试件支座；2-缓冲器；3-锤头；4-落锤；5-机械爪；6-称重传感器；7-落锤导轨（两根）；8-丝杠（两根）；9-弹簧；10-主体立柱（四根）；11-电机

主机机架部分:由高强度钢板、立柱、珠丝杠副及导向杆组成,结构强度极高,能保证试验过程的安全高效。

试样定位部分:试样放置在试样支座上后,按下电动控制面板的定位按键,升降台会自动根据试样的厚度定位。

锤头部分:锤头主要由冲击锤头、配重砝码、压电传感器及一些连接紧固标准件组成,可以手动配置砝码,以达到改变冲击能量的目的。

防二次冲击部分:由气缸及缓冲器组成。锤头落下后,对试样进行一次冲击,在锤头弹回过程中通过光电开关发出指令,使气缸充气顶起缓冲器,来阻止锤头对试样产生第二次的冲击。

抓提锤部分:主要由称重传感器、气缸组成,用以保证试验过程中的动作准确、安全、高效,以及冲击能量的精确计算。

提升部分:主要由电动机及相关减速带轮组成,其主要作用是用来提升重锤。电机所带编码器主要是用来控制提升速度及计算和控制预置冲击高度。

弹射部分:本系统由两根刚性相同的弹簧组成。当电机带动锤头压缩弹簧时会产生相应的冲击能量,视试验要求而定。

电机拖动部分:除提供足够的提升动力和准确的传动精度外,它也可通过所携带的编码器保证足够的冲击能量及更高的冲击速度。

电机控制部分:它是冲击试验过程中控制、数据采集及处理的核心部分。

为了保护试验人员的安全,在冲击试验机四周需安装防护围板,防止碎片飞溅伤人。防护围板的开启与落锤控制系统互锁,防止试样安装时落锤意外脱落发生危险,且锤体机构的横梁上升和下降均有限位机构,锤体释放装置采用电机控制,并有自锁结构,保证在断电时提起的锤体不会脱落。

落锤冲击试验机主要性能指标如下:

(1)最大冲击能量:15~3000J;

(2)冲击速度:0.77~9m/s;

(3)落锤高度:2.27m;

(4)弹簧储能:1000J;

(5)锤头定位精度：±0.02mm；

(6)冲击速度测量精度：±0.25%；

(7)测力传感器方式：压电式力传感器；

(8)落锤冲击点与试样横向重心偏差：< ±1mm；

(9)高度显示：数字式显示器；

(10)净重：3000kg；

(11)试验机整体尺寸：1000mm×940mm×3200mm；

(12)高速采集系统：采样分辨率16位；

(13)电源及功率：220V、2kW；

(14)工作环境：温度10~35℃，湿度小于80%；

(15)冲击落锤质量：37~237kg。

3.4.3 落锤冲击试验机的数据采集和处理系统

落锤冲击试验机的测控系统由编码器、压电式力传感器、传感器放大器、信号采集器、计算机等组成，系统功能框如图3-6所示。

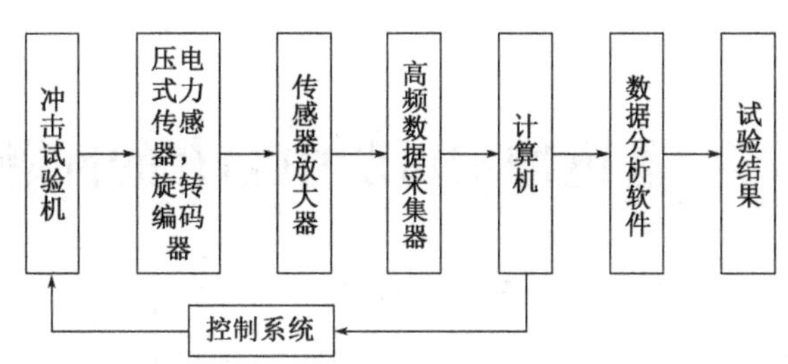

图3-6 落锤冲击试验机测控系统功能框图

将旋转编码器作为测试高度的传感器，编码器安装在试验机顶端的电机上，它输出的电平脉冲个数与落锤的提升高度成正比，通过丝杠可以将高度的分辨率提高到0.01mm，用于落锤提升高度的精确控制。

压电式力传感器为压电式传感器，它安装在落锤的锤头和锤体连接的部分，可以测量在冲击过程中锤头所受到的荷载的变化。压电式传感器在受到荷载作用时，产生一定范围内的电压，通过电信号输出荷载信息。

传感器放大器用来接收并放大压电式传感器传输来的电信号,并把放大后的信号传输到 A/D 数据采集卡上。

信号采集器将传感器放大器传输来的电信号转化为数字信号,并将数字信号传送给计算机。因为在冲击试验过程中,冲击过程时间短,冲击力变化大,信号采集器使用高频信号进行采集,以满足试验需求。

计算机记录冲击过程中的荷载信息,并通过数据分析软件,将传感器传出的荷载信息转化为各种试验所需数据。

3.4.4 冲击能量的测量与计算

在试验过程中,首先将落锤提升至一定高度,使其具有一定势能;在落锤下落过程中,弹簧的势能和重力势能转化为动能,通过控制落锤的高度,可以控制落锤与试件接触时所具有的动能。

从能量转换的角度来看,如果忽略冲击试验过程中,落锤下落时所受到的摩擦力以及产生的热能,可以近似地将落锤与试件接触时所具有的动能看作重力势能和弹簧势能的总和。这样,就可以通过改变落锤的高度控制冲击能量。

3.5 落锤冲击试验中存在的问题

由于各种原因,该冲击试验装置存在以下问题:

(1)落锤由人工定位,每次冲击高度很难精确控制。

(2)手动释放落锤时,会影响其初始速度和初始加速度,很难保证冲击锤的自由落体运动。

(3)落锤的落点受到人为因素的影响,使得落锤点与试件上表面的钢制圆球难以精确对中。

(4)落锤对钢球进行冲击后,会跌落到底板产生二次无规律的冲击,也会对试验人员人身安全产生威胁。

(5)试件上的传力钢球未固定。

试验数据离散性大，除了因为落锤冲击试验装置本身存在的问题外，还有以下原因：

(1)采用圆饼形试件，使得裂缝的出现具有随机性，给裂缝的观测带来了难度，并且用肉眼观测第一条可见裂缝，具有主观不确定性。

(2)传力钢球与试件间通过点接触，使力作用在试件的固定点处，该处可能由强度大的粗集料组成，也可能由强度较低的细集料组成。

(3)试件成形质量没有标准规定。

(4)以试件与4块挡板中的3块挡板接触时的冲击次数作为破坏冲击次数不够准确，因为有时试件在与3块挡板接触前就已经破坏。

(5)缺少数据筛选的处理标准。

3.6　本章小结

采用本章所述的落锤冲击试验装置，试件最终均只有一条主裂纹导致破坏。从冲击试验结果可以看出，纤维的加入均能提高混凝土的抗冲击性能。对于同种纤维，随着纤维掺量的增加，其抗冲击性能也有所提高。

第4章　高性能水泥混凝土制备技术与性能研究

4.1　高性能水泥混凝土的特性

高性能水泥混凝土是能更好地满足结构功能要求和施工工艺要求的混凝土,能最大限度地延长混凝土结构的使用年限,降低工程造价。其具有以下特性:

(1)高性能水泥混凝土具有一定的强度和高抗渗性能,但不一定具有高强度,中、低强度也可。

(2)高性能水泥混凝土具有良好的工作性,混凝土拌合物应具有较高的流动性,混凝土在成形过程中不分层、不离析,易充满模型;泵送混凝土、自密实混凝土还具有良好的可泵性、自密实性能。

(3)高性能水泥混凝土的使用寿命长,对于一些特殊建筑工程的特殊部位,控制结构设计的不是混凝土的强度,而是混凝土的耐久性。能够使混凝土结构安全可靠地工作 50 ~ 100 年以上,是高性能水泥混凝土应用的主要目的。

(4)高性能水泥混凝土具有较高的体积稳定性,即混凝土在硬化早期应具有较低的水化热,硬化后期具有较小的收缩变形。

概括来说,高性能水泥混凝土在配制上的特点是低水胶比,选用优质原材料,除水泥、集料外,必须掺加足够数量的矿物细掺料和高效外加剂。要实现混凝土的高性能化,应以耐久性和抗裂性为目标进行原材料优选和配合比设计。

4.2 高性能水泥混凝土路面性能

要提高水泥混凝土路面的使用性能，延长路面混凝土的使用寿命，并在全寿命周期内保证其基本使用功能，必须实现路面水泥混凝土的高性能化。路面工程的高性能水泥混凝土与其他土木工程高性能水泥混凝土有着重要区别，其材料学内涵应针对其使用性能要求和性能退化原因而界定，其基本出发点应是使其设计使用寿命大幅度提高，至少应由普通混凝土的20～30年寿命提高至40～60年。

4.2.1 工作性

路面混凝土的施工特点是平面作业，无垂直运输，无密集配筋，所以其对工作性要求的核心不再是高的流动性，应更注重黏聚性和保水性，从而提高混凝土成形后的均匀性并减小因泌水带来的层面疏松。路面因地势和排水需要往往设计有一定的坡度，混凝土流动性过大将导致无法成坡。为此，层面必须有一定的水泥砂浆层(一般为3～5mm)，其厚度需均匀一致且稀稠适中，高性能道路混凝土的工作性应满足维勃稠度15～25s、坍落度1～3cm、黏聚性和保水性良好的要求。

4.2.2 耐久性

就硬化混凝土的性能而言，耐久性应为路面混凝土的第一性能指标。许多国家已提出以耐久性而不是强度作为高性能混凝土的基本设计参数。我国对高性能混凝土的耐久性尚无明确的可操作的定量指标。美国联邦公路局(FHWA)将高性能混凝土按耐久性等参数分为四个等级，并根据不同的使用条件推荐应采用的等级，可供参考。

4.2.3 强度

水泥混凝土路面与沥青路面不同，它既是功能层也是结构层，路面混凝土强度是决定路面结构承载能力、耐久性和面层所需厚度的关键因素。抵抗弯拉破坏的抗折强度是评价路面混凝土板承载力的基本指标。抗折强度与抗压强度相关,但影响因素有着重大区别,不能混为一谈。从提高承载能力、增强耐久性或者减薄面层板厚度等多方面考虑,路面水泥混凝土的抗折计算强度应从目前普通路面水泥混凝土的4～5MPa提高至6～10MPa。

4.2.4 抗疲劳性

提高路面水泥混凝土的抗疲劳性能,可延缓使用性能的退化,对路面水泥混凝土使用寿命有决定性意义。从材料角度来看,混凝土的疲劳强度取决于其内部结构的均匀性和完整性,减少混凝土的原生缺陷至关重要。路面高性能水泥混凝土在具有高强度的同时,也应具有更完善的内部结构,其耐疲劳极限在规定的应力比下应比普通水泥混凝土提高1倍以上。

4.2.5 变形性能

由于水泥混凝土的脆性和体积变化的敏感性,使水泥混凝土路面易于开裂。为了降低温度和湿度应力产生的裂缝及由此而造成的路面损坏,水泥混凝土路面必须设置大量接缝。然而这些接缝不仅使行驶舒适性、运行经济性等下降,更是路面各种损坏(病害)和承载能力退化的主要部位。因此,降低弹性模量、减小温度和湿度变形,对水泥混凝土路面意义重大,美国联邦公路局(FHWA)对高性能混凝土的变形性能要求,可供参考。

目前,水泥混凝土路面使用的普通混凝土综合耐久性问题十分突出,发展水泥混凝土路面迫切需要开发应用路面高性能水泥混凝土。针对路面水泥混凝土的使用性能要求,采用适宜的高效减水剂来降低水胶比,同时掺加适量的活性掺合料和聚丙烯纤维与减水剂协同作用,可在保证流动性的同时提高黏聚性和保水性,从而全面提高混凝土的路用性能,尤其是其综合耐久性能。

4.3 高性能混凝土的组成

高性能混凝土组成材料中,除了与普通混凝土类似的组成材料——水泥、水、砂石以外,外加剂和矿物掺合料是不可缺少的组分。对于高性能混凝土性能来说,要根据混凝土结构的使用目的、施工要求、结构物要求的性能和所处的环境条件而定,这就需要深刻理解混凝土的组成材料和性能之间的关系。由于高性能混凝土要求和配制的特点,原来对普通混凝土影响不明显的因素对于高性能混凝土则可能影响显著,因此高性能混凝土对所用原材料的要求与普通混凝土相比有所不同。

4.3.1　水泥

水泥是混凝土最重要的原材料之一,它与水混合后经过物理化学反应由可塑性的浆体变成坚硬的水泥石,并将散粒状材料胶结成整体。它的选择直接影响混凝土的性能和成本。对于配制高性能混凝土用的水泥应满足如下要求:

(1)水泥的矿物组成

硅酸盐水泥是由原材料烧制的熟料与适量石膏(硫酸钙)磨细而成。熟料中主要成分有硅酸三钙、硅酸二钙、铝酸三钙和铁铝酸四钙。从混凝土的抗渗性和耐久性的角度来看,硅酸二钙是水泥中的有益成分,它是水泥后期强度的主要来源,水化速度很慢,发热量小,而对铝酸三钙的含量应加以控制,它的水化热量大,收缩率大,另外含有铝酸盐的水泥,如浸泡在硫酸盐溶液中会产生较大的膨胀,使混凝土破坏。

(2)水泥颗粒的细度、级配与粒形

采用粗颗粒含量多的水泥水化后,水泥石主要含凝胶孔和大毛细孔,具有较高的渗透性;采用细颗粒含量多的水泥,除含胶凝孔外,还生成微毛细孔结构,孔隙率大大减小,从而提高了水泥石的抗渗性。但是水泥的比表面积过大会使水化速率过快、水化热大、混凝土收缩率大,从而导致混凝土微结构不良、混凝土抗渗、抗腐蚀性差,过大的水泥比表面积还会使混凝土拌合料的流动性受到影响,经时损失增加,若增加其用水量,又势必导致抗裂性下降。研究表明,水泥颗粒的良好级配有利于混凝土中水泥石达到密实的状态,但一般水泥生产工艺很难实现水泥的理想颗粒级配。为了得到密实性好的混凝土,可掺加超细矿物掺合料来调整水泥颗粒级配。

除了细度和级配之外，水泥的颗粒形状对混凝土的密实度也有影响。水泥粒子越接近球形，拌合料的流动性越大。试验表明，用球状水泥配制的净浆和砂浆与普通水泥浆相比，流动性显著提高，且集料、水泥浆的界面过渡层变薄，黏结强度提高，硬化混凝土的抗渗性提高。

(3)水泥的强度

目前关于水泥强度对混凝土耐久性影响的研究已达成共识，即并非强度高的水泥就一定能配制出高耐久性的混凝土。发达国家的有关水泥标准中，对水泥的强度规定了最高限制，强度超过限制的为不合格，而我国水泥标准中则没有此限。我国目前的生产工艺，提高水泥强度(尤其是早期强度)的措施主要是增加硅酸三钙与铝酸三钙的含量并提高水泥的比表面积，因此会导致水化过快、水化热大、混凝土收缩大、抗裂性下降、混凝土微观结构不良、抗渗性下降。可见，由于过分强调混凝土的强度而多用高强早强水泥会给混凝土耐久性带来不良影响。

(4)水泥的碱含量

在各种耐久性劣化因素中，除了侵蚀性介质从环境中进入混凝土内部造成破坏外，由混凝土原材料带入的一些物质也会造成混凝土开裂等抗渗性和耐久性劣化的问题。水泥中的碱含量超过一定限值就会影响水泥的安定性，引起后期膨胀开裂，从而大大降低实际环境中混凝土的耐久性。我国现行水泥相关规范参照了美国的标准，规定水泥中的碱含量按 Na_2O 当量折算，由供需双方商定限制碱含量，以预防碱-集料反应。

美国认证协会(ACI)规定满足铺面用混凝土耐久性的最小水泥用量为 $362kg/m^3$。日本土木工程师学会(JSCE)规定集料最大粒径为25mm，混凝土中最小水泥用量为 $330kg/m^3$；若集料最大粒径为40mm，混凝土中最小水泥用量为 $300kg/m^3$。我国相关规范规定道路水泥混凝土抗盐冻耐久性要求的最小水泥用量为 $320kg/m^3$。当水泥用量过大时，水泥水化反应引发的热应力会引起路面产生裂缝，因此，英国规范 BS 8110 规定各种结构物中最大水泥用量不得超过 $550kg/m^3$。

参考我国相关规范对路用水泥的各项要求，对水泥品种、强度的建议要求见表4-1。

不同交通等级路面水泥各龄期的强度　　表4-1

交通等级	特重交通		重交通		中、轻交通	
龄期(d)	3	28	3	28	3	28
抗压强度(MPa)	25.5	57.5	22.0	52.5	6.0	42.5
抗折强度(MPa)	4.5	7.5	4.0	7.0	3.5	6.5

4.3.2　集料

集料是混凝土的主要组成部分,在混凝土中约占70%。混凝土的强度取决于三个因素,即胶凝材料的强度、胶凝材料与集料界面的强度、集料的强度。上述三个因素中的薄弱环节是混凝土最终强度的控制因素。对于中、低强度混凝土,通常最薄弱环节是界面[由于在集料界面留下的泌水孔隙或过多的$Ca(OH)_2$晶体在界面定向排列],集料强度往往比混凝土的强度高数倍而很少受到关注。对于高强与高性能混凝土来说,由于胶凝材料浆体以及界面强度的大幅度提高,此时集料的性能逐渐成为混凝土强度与弹性模量的主要影响因素。

集料性质对混凝土性能的影响见表4-2。

集料性质对混凝土性能的影响　　表4-2

集 料 性 质	混凝土性质
粒径和级配	新拌混凝土的和易性、经济性、强度
硬度、韧度和耐磨性	耐磨性
坚固性	耐久性、抗风化能力
空隙率、渗透性和吸水率	耐冻性、耐久性和配合比
颗粒形状和表面纹理	和易性、强度及耐磨性
相对密度和吸水率	配合比、混凝土密实度、耐久性
集料性质	路用功能
颗粒强度、颗粒硬度、颗粒纹理、颗粒形状、级配	具有足够的强度和稳定性,保证路表面压力传播到下层,并防止大面积的路表沉陷

续上表

集料性质	混凝土性质
抗化学侵蚀、潮湿和干燥、冻融作用、空隙作用	抗风化作用和化学作用
抗剥落	抗交通荷载的作用
体积变化(热作用和干湿作用)、孔隙结构、热传导性质	抗内力作用,如膨胀、收缩、翘曲
化合物、盖层化学反应、体积稳定性	集料和胶结料的相容性
颗粒形状和表面纹理、颗粒强度、耐磨力、孔隙结构	抗滑能力
最大粒径、级配	路表粗糙度

集料有粗细之分,粗集料粒径为5~150mm,如卵石与碎石;细集料粒径为0.15~5mm,如天然砂与石屑。在混凝土中,集料具有重要的技术和经济作用。正确选择集料的品种,使之符合有关技术标准的要求,是配制高性能混凝土的基础。

1)粗集料

粗集料对混凝土的强度贡献很大,同时对混凝土的渗透性也有一定的影响。理论上,普通集料的渗透性一般都低于水泥石,这样在混凝土中加入低渗透性的集料可以切断毛细管通道的连续性,降低混凝土的渗透性。但由于浆料和集料界面处的结构问题,如界面结构疏松,原生裂缝多等,渗透性试验结果并不理想。因此,为了保证集料与水泥浆中的界面过渡区的质量,要求对粗集料的选用加以控制,应注意以下几点:

(1)粗集料的岩石种类与化学成分

从岩石的种类来看,与水泥浆黏结程度较好的有砂岩、安山岩、石英岩等,其次是石灰岩、玄武岩等。工程上用得较多的是石英岩碎石。试验发现,有水硬活性或潜在水硬性的集料可以在界面处参与水化反应而改善界面。

关于粗集料的化学成分的研究主要集中在其与碱-集料反应的关系上,研究者普遍认为,导致碱-集料反应的集料活性组分是隐晶质 SiO_2 或玉髓,为了防止碱-集料反应的发生,最好选用非活性的集料,为此,在选用之前应采用适当的方法对石料的碱-集料反应活性做出评价。

(2)粗集料的吸水率

粗集料具有适当的吸水率,有助于降低集料周围的水胶比,从而减少形成弱界面区的不利因素。但粗集料吸水率较大对混凝土配合比尤其是水胶比会产生严重干扰,而且吸水率较大的粗集料会使混凝土有较大的长期收缩。所以,粗集料的吸水率不应大于2%,用于高抗冻混凝土的粗集料吸水率不应大于1%。

(3)粗集料的级配、粒形与粒径

石料的级配对节约水泥和保证混凝土和易性具有较大影响。良好的颗粒级配能使集料的空隙率和总表面积均较小,这样不但可以减少水泥浆用量,还可以提高混凝土的密实性和强度。在选择粗集料时主要考虑颗粒级配,连续级配中每一级粒径的粗集料都应具有适当的比例,当粒径分布在一个合理范围内且大小颗粒比例适当时,大颗粒之间的空隙由小颗粒填充,从而可减少空隙,形成较密实的骨架结构。

在粗集料的粒形方面。如果颗粒表面光滑,对混凝土的流动性有利,但表面光滑的集料与水泥石黏结性较差;相反,表面粗糙的集料与水泥石黏结性好,有助于提高混凝土的密实性,而且粗糙的表面可以降低 $Ca(OH)_2$ 的富集程度。另外,当颗粒形状近似球体或立方体时,表面积较小,也有利于混凝土的流动性。如石料含针、片状颗粒,其不仅受力时易折断,且会增加集料间的空隙,泵送施工时还会增加泵机负荷并发生堵管现象。因此,配制耐久性混凝土的粗集料需控制针、片状颗粒含量。

粗集料的粒径较小时,混凝土的抗渗性提高。采用小粒径粗集料时,水泥石和集料的过渡区周长和厚度都很小,难以形成大的缺陷,有利于界面强度提高,对抗渗有利;同时,粒径越小,集料本身的缺陷越小。

(4)粗集料的含泥量与有害物质含量

粗集料的黏土颗粒极细,会附着在其表面,影响水泥石与粗集料之间的胶结能力,损害界面性能,影响混凝土的抗渗性。草根、树叶、树枝、渣土等杂质也会影响水泥石与粗集料之间的胶结能力,并且粗集料中的氯化物、硫化物、硫酸盐和有机物还会引起水泥石腐蚀及混凝土耐久性下降,所以集料中的有害物的含量应符合一定的要求。

2)细集料

混凝土用细集料包括天然砂和人工砂,天然砂通常有河砂、山砂、海砂。砂可与石子共同起到骨架作用,它的使用既降低了混凝土的成本,又可以传递荷载,并且能够减少混凝土的收缩。经多方分析研究,对于配制混凝土用砂的质量要求如下:

(1)限制砂中有害杂质含量

含泥量和泥块含量是指集料中尘屑、淤泥和黏土等的总含量。这类杂质掺杂在砂中,沾附在砂的表面,妨碍水泥与砂的黏结,降低了混凝土强度,同时还会增加混凝土的用水量,从而加大混凝土的收缩量,降低混凝土的抗冻性和抗渗性。砂中的硫酸盐及硫化物和有机杂质会对水泥产生腐蚀作用,影响混凝土的耐久性。

(2)砂的粗细程度和颗粒级配

在混凝土中,砂的表面需要有水泥浆包裹,砂的总表面积越大,则包裹在砂表面的水泥浆就越多。因此,一般用粗砂拌制混凝土比用细砂拌制混凝土所需的水泥浆少。在配制混凝土时,应综合考虑砂的粗细程度和颗粒级配,从有利于混凝土的耐久性方面考虑适宜用中粗砂,尤其是当石子级配很差时,砂以偏粗为好,因为砂越细,就需要更多的胶凝材料浆体。当砂中含有较多的粗砂,以适当的中砂和少量细砂填充其空隙,则可达到空隙率和总表面积较小,这样的砂是比较理想的砂,不但可以减少水泥浆用量,还可以提高混凝土的密实度和强度,从而使混凝土获得良好的技术经济效果。

4.3.3 水

混凝土拌和用水是在混凝土搅拌时加入其中的水,赋予混凝土流动性,和水泥发生水化反应,使混凝土凝结、硬化及满足其强度发展。拌和用水对拌合料的性能、混凝土的凝结、硬化、强度发展、体积变化及工作性等方面都有很大影响。

拌制或养护混凝土用水,不能含有对混凝土中钢筋产生有害影响的物质。通常使用清洁、能饮用的河水、井水、自来水、湖水及溪涧水(pH 值不得小于4)等。不得使用沼泽水、工业废水以及含矿物质较多的硬水;禁止使用含有脂肪、糖类、酸类等有害物质的水。

海水或水质成分接近海水的其他天然水因其含盐量较多,会降低混凝土强度,容易引起钢筋锈蚀,并能促使混凝土表面风化。因而,对于房屋内部混凝土结构或处在干燥地区的钢筋混凝土结构,一般不宜使用海水。

《混凝土用水标准》(JGJ 63—2006)对混凝土拌和水有如下技术要求:

(1)对凝结时间的影响:用待检验水和生活用水进行水泥凝结时间试验。两者的初凝和终凝时间差不得大于 30min,同时,初凝和终凝时间应符合现行国家标准《通用硅酸盐水泥》(GB 175—2007)的规定。

(2)对抗压强度的影响:用待检验水配制的水泥砂浆或混凝土的 3d 和 28d 抗压强度,不得低于用饮用水拌制的砂浆或混凝土的 3d 和 28d 抗压强度的 90%。

(3)杂质含量不得超过标准规定。

4.3.4 外加剂

外加剂主要指在混凝土拌和过程中掺入的,并能按要求改善混凝土性能的材料,一般情况下掺量不得超过水泥质量的 5%。外加剂主要是有机材料,也有无机材料。目前,国内外使用的外加剂品种繁多,功能迥异。按功能分为减水剂、引气剂、膨胀剂、早强剂、速凝剂等。从某种意义上说,混凝土技术的发展在很大程度上依赖于外加剂,在普通混凝土中或者有特殊要求的混凝土中,外加剂日益成为不可缺少的组分。

选择外加剂时应注意与水泥的适应性。试验表明,同一种外加剂,对于不同品种的水泥,其提高混凝土流动性与强度的功能均有很大的差别。由于水泥品种不同,掺外加剂引起的混凝土的凝结时间与坍落度损失也不同,同一品种、同一强度等级的水泥,由于生产厂家不同,其水泥活性也不一样。

因此,外加剂的掺加效果与水泥的适应性(协调匹配性)有关,应做适应性试验,其主要包括减水率试验和坍落度经时损失试验,选择与水泥适应性好的优良外加剂。外加剂与矿物质掺合料也存在同样的问题。

减水剂是在混凝土坍落度基本相同的条件下,能减少用水量的外加剂,又称为塑化剂。根据减水能力大小可分为普通减水剂和高效减水剂。相对于普通减水剂,高效减水剂的减水能力更强,引气量更低,也叫作超塑化剂或流化剂。减水剂在减少拌和用水量的同时,往往还具有引气、缓凝或早强等效果,所以减水剂又分为标准型、引气型、缓凝型和早强型等,在使用时应根据需要和混凝土的技术要求合理选择。

减水剂的主要技术性质包括减水率、泌水率比、含气量比、凝结时间差和各龄期的抗压强度等。工程中使用时应根据所用的类型和品种,按照标准要求进行有关性能的试验。

减水剂能提高混凝土拌合物的流动性,具有减水效果,是基于以下三个方面:

(1)吸附作用:在水泥-水体系中,由于水泥颗粒在溶液中的热运动,在某些边角棱处相互碰撞、相互吸引,水泥颗粒不能充分、完全地分散在水中,而是一些颗粒在边角处连接,形成絮凝结构。这些结构包裹着一些拌和水,这部分游离水对于混凝土拌合物的流动性没有贡献,即絮凝结构减少了拌合物中的有效水分,降低了混凝土的流动性。因此,施工中为了获得所需的和易性,就必须加大用水量。如果能将这些被包裹的水释放出来,则可以大大减少拌和用水量,掺入减水剂就能起到这种作用。

减水剂属于表面活性物质,其分子由两个基团组成,一端为亲水基团(极性基团),另一端为憎水基团(非极性基团),将减水剂掺入水泥浆中,减水剂分子的憎水基团将定向吸附于水泥颗粒表面,而亲水基团指向溶液,在水颗粒表面构成单分子或多分子吸附膜。由于表面活性剂的定向吸附和亲水剂的电离作用,使水泥颗粒表面带有相同符号的电荷。在电性斥力的作用下,不但使水泥-水体系处于相对稳定的悬浮状态,而且促使水泥在加水初期形成的絮凝状结构分散解体,从而将絮凝结构中的游离水释放出来,达到减水的目的。

(2)润湿作用:水泥加水拌和后,其颗粒表面被水润湿,润湿程度对混凝土拌合物的性质影响很大，当这种润湿作用自然进行时，表面自由能减少。减水剂属于界面活性物质，掺入水泥浆中能降低体系的界面张力，因此能增加水泥颗粒与水的接触面积，即能使水泥颗粒更好地分散。

(3)润滑作用(水膜润滑、气泡润滑)：减水剂分子的亲水基团极性很强，定向吸附于水泥颗粒表面后，亲水基团指向水，并且与水分子以氢键形式结合，这种氢键缔合力远大于该分子与水泥颗粒之间的范德华力，当水泥颗粒表面吸附足够的减水剂分子后，借助于 R—SO_3—与水分子中氢键的缔合作用，再加上水分子之间氢键缔合，使水泥颗粒表面形成一层稳定的溶剂化水膜，这层"空间壁障"阻止了水泥颗粒之间的直接接触，并在颗粒间起润滑作用。此外，减水剂的掺入一般伴随着引入一定量的微气泡，即使是非引气型的减水剂，也会引入少量微气泡。这些气泡被减水剂分子定向吸附的分子膜所包围，与水泥颗粒上的吸附电荷的符号相同，因而增加了水泥颗粒之间的滑动能力。这种润滑作用对掺入引气型减水剂的新拌混凝土更加明显。

减水剂主要用于改善混凝土拌合物的性能，即减少用水量，控制坍落度损失，改善工作性；也有减水剂兼具引气、缓凝或膨胀等性能。减水剂的主要功能及技术经济指标：

(1)提高混凝土拌合物的流动性。在拌和水量不变的条件下，掺入减水剂可使混凝土的坍落度提高 100 ~ 200mm。

(2)减少用水量，降低水胶比，提高混凝土强度。在保持拌合物坍落度不变的条件下，能减少 10% ~ 15% 用水量。如果水泥用量不变，减少用水量即降低水胶比，因此能使混凝土强度提高 15% ~ 20%。

(3)节省水泥，降低成本。若保持混凝土强度不变，即保持水胶比不变，可在减水的同时减少水泥用量(节约水泥 10% ~ 15%)，降低混凝土的成本。

(4)减慢水化放热速度，推迟放热峰值的出现。缓凝型减水剂具有延缓水泥水化的作用，其机理是减水剂分子定向吸附在水泥颗粒表面，起到抑制和延缓水泥水化的作用，同时，在满足相同强度、相同耐久性要求的条件下，使用减水剂可减少水泥用量，降低总的水化热量。这两点有利于克服大体积混凝土由于温度应力所产生的裂缝。

(5)有利于提高耐久性。掺入减水剂后,拌合物流动性提高,易于浇筑密实,减少混凝土用水量及混凝土的泌水,使混凝土内部毛细孔孔隙减少,有利于提高混凝土的抗冻性和抗渗性。

由于减水剂的品种繁多,又无全国统一的编号,基本上是一个厂家一个编号,因此在选用减水剂时对其主要成分及各种性能应有所了解。大量试验表明,配制高性能混凝土所用高效减水剂应满足以下要求:

(1)高减水率:通常减水率应大于25%。

(2)新拌混凝土坍落度经时损失小,应以满足施工的具体要求来确定。

(3)与所使用的水泥、矿物掺合料相容性好。

高性能混凝土的基本特点之一就是采用低水胶比,水泥浆流动性差,所以高效减水剂是高性能混凝土必不可少的组分。高效减水剂的掺量为0.5%~1.0%,在掺加时宜与拌和水同时加入搅拌机内,搅拌时间应适当延长,以得到均匀的混凝土拌合物。

随着施工技术的不断提高,泵送混凝土技术已经广泛应用于各类工程中,泵送剂的应用是其发展的关键技术。能改善混凝土拌合物泵送性能的外加剂叫作泵送剂。泵送剂首先要求具有匀质性,包括含固量、密度、含水率、细度、氯离子含量以及总碱量等指标要控制在一定范围之内,不能有太大变化。工程中对掺泵送剂的受检混凝土性能指标进行检验合格才能使用泵送剂。

(1)坍落度增加值:用水胶比相同时受检混凝土与基准混凝土坍落度之差表示。将基准混凝土初始坍落度值控制在100mm±10mm的范围内,按照产品规定的掺量将泵送剂掺入基准混凝土拌合物中,经搅拌后再测定该拌合物的坍落度值,与基准混凝土的初始坍落度值之差即为坍落度增加值。坍落度增加值反映了泵送剂提高拌合物流动性的能力。按照标准规定,合格品、一等品泵送剂的坍落度增加值分别应大于或等于80mm、100mm。

(2)坍落度保留值。掺入泵送剂的混凝土拌合物经一定时间后的坍落度值为坍落度保留值，该值反映了掺泵送剂的混凝土随时间延长其流动性的保持能力。测定时，将掺入泵送剂的受检混凝土初始坍落度值调整到200～220mm。

(3)压力泌水率比。受检混凝土的压力泌水率与基准混凝土的压力泌水率之比叫作压力泌水率比，是衡量混凝土泵送剂性能的重要指标。其原理是拌合物在泵管中被压送的过程中，适当泌水有利于在拌合物与管壁之间形成一层水膜，该水膜可减小物料与管壁之间的摩擦阻力；但是，如果泌水量过多，拌合物内部的水分过多脱出，容易造成离析，对泵送性能同样不利。掺入泵送剂可大幅提高拌合物的流动性，但往往使拌合物泌水性增大，容易产生离析倾向，因此掺泵送剂的受检混凝土的压力泌水率比一般不能超过90%～95%。

4.3.5　矿物掺合料

目前，矿物掺合料越来越多地应用于混凝土中，几乎所有的预拌混凝土都添加了矿物掺合料，矿物掺合料已经成为混凝土的重要组成部分。矿物掺合料不但能代替部分水泥、改善混凝土工作性、提高混凝土的各项性能，而且因其大都是工业粉尘，对节约能源、保护环境也有益。

1)矿物掺合料的“粉体效益”

(1)活性效应。主要体现在两方面：一是，这些超细矿粉均具有相当高的潜在的水硬性，它们含有大量的火山灰活性物质。它们与水泥水化生成的$Ca(OH)_2$发生二次反应，生成低碱水化硅酸钙，增加了水泥石中水化硅酸钙的含量。二是，超细矿粉细度均很大，与水泥水化的$Ca(OH)_2$的二次反应速度及反应程度均很高，大大消耗了对强度和稳定性产生不良影响的$Ca(OH)_2$晶体的数量，生成大量的低碱水化硅酸钙，使水泥石中大孔的含量明显减少，增加了水泥石的密实程度，对抗渗性能的提高起到了正面效应。同时，二次水化反应也明显减小了界面过渡区的厚度以及过渡区中定向排列的$Ca(OH)_2$晶体数量，有效改善了水泥石与集料的界面结构。

(2)微集料填充效应：超细矿粉的直径一般平均在5μm以下，小于硅酸盐水泥的平均直径 10μm,因此它们可以填充水泥颗粒间的空隙,提高胶凝材料的密实程度。胶凝材料加水硬化后,其密实程度和强度也相应提高。

2)矿物掺合料在混凝土中的作用

(1)提高混凝土的强度,代替部分水泥。

(2)提高混凝土的抗渗性。

(3)改善混凝土的工作性能。

(4)降低混凝土的水化热。

(5)提高混凝土的抗腐蚀性。

3)粉煤灰的主要性能

常用的矿物掺合料有粉煤灰、硅灰、天然沸石粉和矿渣等,由于其物理性能和化学成分不同,对混凝土各项性能的作用也各不相同。粉煤灰具有火山灰活性和微集料效应,对混凝土的诸多性能均有改善作用;水化反应初期,粉煤灰能改善混凝土的流动性,降低早期水化热;同时,水泥水化后的孔结构中含有一定数量的粗孔,粉煤灰与水泥水化生成的 $Ca(OH)_2$ 反应生成 C—S—H 凝胶,这些生成物一部分沉积在粉煤灰颗粒表面,另一部分填充在水泥水化生成物如 $Ca(OH)_2$ 粗晶体与 C—S—H 凝胶的粗孔中,起到了填孔作用,从而能够提高混凝土的耐久性。在粉煤灰复合磨细矿渣粉加入胶凝材料后,促使胶凝材料微粒间的化学交互、诱导激发作用加强,因此提高了粉体的化学活性,进一步增强了火山灰活性效应。在掺加高效减水剂时,粉煤灰和矿渣粉粒会对高效减水剂产生吸附作用,形成双电层,促使细颗粒填充水泥浆体,分散水泥颗粒,增强混凝土拌合物的流动性。高性能混凝土通常采用低水胶比,掺加矿物掺合料对混凝土拌合物工作性的改善至关重要,同时能够提高高性能混凝土拌合物的耐久性。

选择粉煤灰品种应遵守以下原则:

(1)应根据混凝土的设计要求与结构的工作环境选择。

(2)应按就地或就近的原则取材。

(3)以节能与环境保护为前提,充分利用工业废料,使高性能混凝土朝着绿色混凝土的方向发展。

4.4 配合比设计参数对高性能水泥混凝土性能影响分析

道路水泥混凝土必须同时满足力学性能、路用性能和耐久性能的要求。其中,强度、抗氯离子扩散性能及抗冻性能是影响混凝土性能的重要参数。本节分析了水胶比、矿物掺合料掺量、浆集比、砂率及减水剂掺量对混凝土性能的影响。

4.4.1 水胶比对混凝土性能的影响

高性能水泥混凝土通常采用低水胶比。低水胶比可以降低混凝土渗透性,增强耐久性;无论设计强度为多少,其水胶比一般都不大于0.4(所处环境不恶劣的工程可以放宽)。试验选用水胶比一般为0.30~0.40;参考吴中伟、廉慧珍推荐的浆集比(表4-3),选取浆集比0.32,粉煤灰和矿粉掺量为胶凝材料总量的10%;分别测定砂率36%~43%的8组集料组合的捣实堆积密度,按最紧密堆积原则,最终选取砂率为0.41;最终试验设计及试验结果分别如表4-4和表4-5所示。

文献推荐浆集比 表4-3

强度等级	浆集比	用水量(kg/m^3)
C30~C50(不含C50)	≤0.32(1:2)	≤175
C50~C60(含C60)	≤0.35(1:1.86)	≤160
C60以上(不含C60)	≤0.38(1:1.63)	≤145

水胶比对高性能水泥混凝土性能影响试验设计表 表4-4

试验编号	水胶比	浆集比(%)	粉煤灰掺量(%)	矿粉掺量(%)	砂率(%)
WB01~WB03	0.40	32	10	10	41
WB04~WB06	0.35	32	10	10	41
WB07~WB09	0.32	32	10	10	41
WB10~WB12	0.30	32	10	10	41

水胶比对高性能水泥混凝土性能影响试验结果　　表 4-5

试验编号	7d 抗压强度 $f_{cu,7}$(MPa)	28d 抗压强度 $f_{cu,28}$(MPa)	氯离子扩散系数 D_{RCM}($10^{-12}m^2/s$)	抗冻性指数 DF_{300}(%)
WB01	33.54	48.46	7.71	76.50
WB02	35.23	44.78	7.64	77.32
WB03	30.49	49.51	7.38	75.88
WB04	45.32	55.64	4.72	80.30
WB05	47.21	54.33	4.58	80.31
WB06	43.65	53.29	4.67	78.98
WB07	55.48	62.01	3.22	83.10
WB08	54.67	66.44	3.19	82.62
WB09	58.32	61.32	3.53	80.27
WB10	56.43	62.42	3.17	84.20
WB11	52.10	66.47	3.03	83.37
WB12	55.90	70.10	2.88	81.15

将表 4-5 的试验结果绘制成散点图(图 4-1、图 4-2),添加趋势线;并拟合水胶比同混凝土抗压强度及抗冻性指数的关系函数。

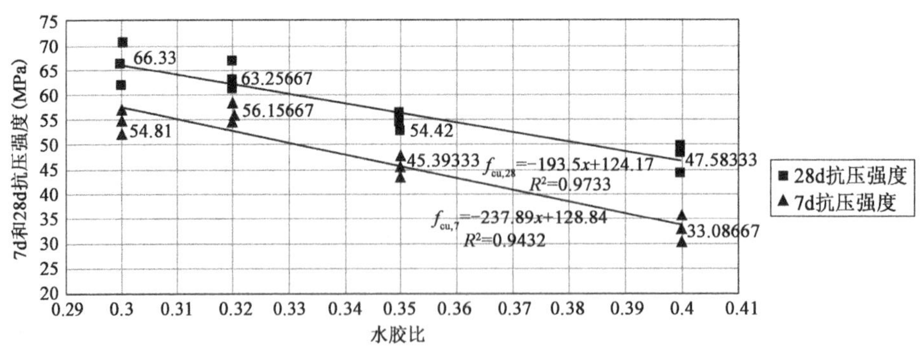

图 4-1　水胶比对高性能水泥混凝土强度影响

如图 4-1 所示，随着水胶比的增大，7d 和 28d 试件抗压强度均逐渐降低。水胶比为 0.30～0.40 时，7d 抗压强度分别可达 28d 抗压强度的 82.6%、88.8%、83.4% 和 69.5%；即水胶比同混凝土 7d 抗压强度和 28d 抗压强度的比值间无明显关系。水胶比小于 0.4 时，7d 强度保证率在 70% 以上。

拟合结果显示：水胶比同高性能水泥混凝土试件抗压强度存在线性关系。随着水胶比的降低，高性能水泥混凝土抗压强度逐渐升高。

由图 4-2 可见，随着水胶比的增大，高性能水泥混凝土抗冻性能逐渐减弱。原因可能为水胶比越低，混凝土内部微观结构密实度越大，多数孔隙以凝胶孔形式存在，毛细孔减少，空隙中导致冻融损坏的自由水总量也减少，抗冻性增强。密实性高的混凝土，渗透性降低，阻滞了外部水分向内部的移动，也对混凝土抗冻性的提高有促进作用。

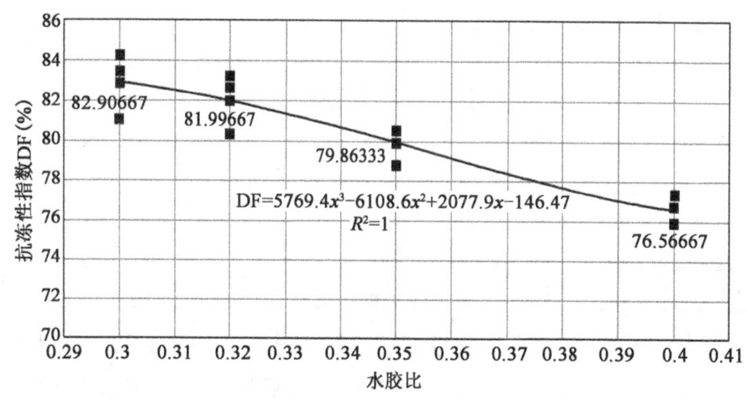

图 4-2　水胶比对高性能水泥混凝土抗冻性影响

4.4.2　矿物掺合料掺量对混凝土性能的影响

本小节对掺粉煤灰和矿粉的高性能水泥混凝土的强度及耐久性进行了试验研究，为了使试验结果更具代表性，选取低水胶比（高胶凝材料用量）的配合比制备试件。具体试验设计及试验结果分别如表 4-6 和表 4-7 所示。

矿物掺合料掺量对高性能水泥混凝土性能影响试验设计表　　表 4-6

参　　数	水　胶　比	浆集比（%）	粉煤灰掺量（%）	矿粉掺量（%）	砂率（%）
FG1001 ~ FG1003	0.3	32	10	10	41
FG1501 ~ FG1503	0.3	32	15	15	41
FG2001 ~ FG2003	0.3	32	20	20	41
FG2501 ~ FG2503	0.3	32	25	25	41

矿物掺合料掺量对路用高性能水泥混凝土性能影响试验结果　　表 4-7

试验编号	7d 抗压强度 $f_{cu,7}$（MPa）	28d 抗压强度 $f_{cu,28}$（MPa）	氯离子扩散系数 D_{RCM}（$10^{-12}m^2/s$）	抗冻性指数 DF_{300}（%）
FG1001	56.43	62.42	3.17	84.20
FG1002	52.10	66.47	3.03	83.37
FG1003	55.90	70.10	2.88	81.15
FG1501	48.65	65.83	2.47	84.98
FG1502	50.32	62.20	2.55	80.77
FG1503	55.69	59.73	2.68	80.01
FG2001	45.89	60.00	2.20	88.01
FG2002	46.30	59.41	1.88	91.10
FG2003	54.01	56.34	2.15	84.28
FG2501	38.94	52.19	2.61	83.74
FG2502	46.02	53.21	2.37	83.17
FG2503	41.51	44.51	1.94	86.34

将表 4-7 抗压强度试验结果绘制成散点图 4-3 ~ 图 4-5，添加趋势线，并拟合矿物掺合料掺量同混凝土抗压强度、氯离子扩散系数及抗冻性指数的关系函数。

如图 4-3 所示，在胶凝材料总量不变的条件下，随着矿物掺合料掺量的增加，高性能水泥混凝土的 7d 和 28d 抗压强度均降低，7d 抗压强度为 28d 抗压强度的 80% 左右。其中，矿物掺合料掺量由 30% 增加至 40% 时，7d 抗压强度下降幅度最大，为11.9%，28d 强度下降 6.9%。产生此结果的原因可能为粉煤灰的化学活性相对较低，粉煤灰掺量的增加减缓了胶凝材料前期的水化反应，而后期粉煤灰的火山灰反应是逐步进行的，使 28d 抗压强度增长。当矿物掺合料掺量由 40% 增加至 50% 时，28d 抗压强度下降幅度增大至

14.2%，其原因可能是粉煤灰和矿渣粉的活性需要一定的碱性环境才能被激发，当水泥取代量过大时，其水化生成的 $Ca(OH)_2$ 不足以激发粉煤灰和矿渣粉的活性，后期强度便随之下降。试验结果显示，当矿物掺合料掺量过大时，高性能水泥混凝土后期强度无法得到满足，因此要合理控制矿物掺合料掺量，才能保证混凝土的强度。

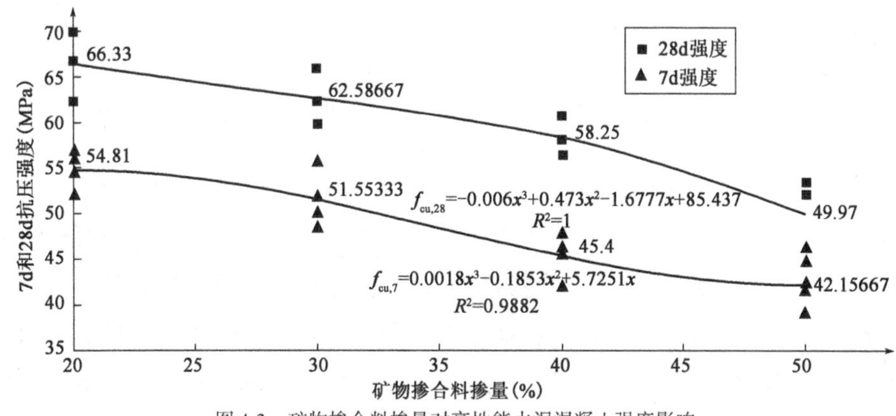

图 4-3 矿物掺合料掺量对高性能水泥混凝土强度影响

如图 4-4 所示，随着矿物掺合料掺量的增加，高性能水泥混凝土抗氯离子渗透性能逐步提高。原因可能在于，随着矿物掺合料掺量的增加，混凝土内部孔结构逐步改善，密实度增加，从而降低了侵蚀离子进入混凝土内部的程度；同时，掺合料对氯离子有较强的化学结合能力，降低了混凝土孔隙中游离氯离子的含量。与强度试验结果对比，在矿物掺合料掺量低于 40% 的情况下，虽然强度降低，但混凝土抗氯离子扩散性能却增强，说明强度的高低不能代表路用高性能水泥混凝土的耐久性。当掺量由 40% 增加至 50% 时，抗氯离子渗透性能不再增强，反而减弱。其原因在于，随着胶凝材料体系中水泥量的减少，水化反应初期生成的水化产物 $Ca(OH)_2$ 不足以激发粉煤灰的火山灰效应，混凝土内部空隙率增大，孔结构不够密实，抗渗透能力不足；这说明矿物掺合料对路用高性能水泥混凝土抗氯离子渗透性能的改善存在临界值，当掺量超过临界值时，矿物掺合料的微集料效应和二次水化反应不能够充分发挥作用，无论对路用高性能水泥混凝土的强度和抗氯离子渗透性能都是有害的。

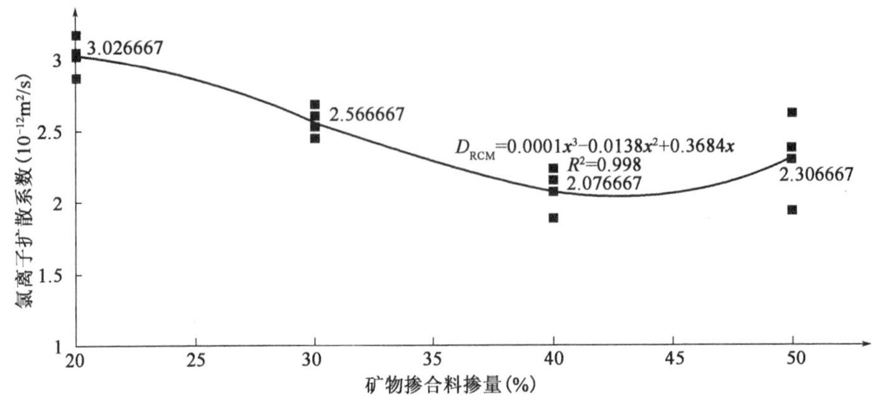

图 4-4　矿物掺合料掺量对高性能水泥混凝土氯离子扩散系数的影响

图 4-5 所示,当矿物掺合料掺量由 20% 增加至 40% 时,路用高性能水泥混凝土抗冻性能变化不大,但当掺量由 40% 增加至 50% 时,路用混凝土抗冻性能出现劣化。这与矿物掺合料掺量对高性能水泥混凝土抗氯离子扩散性能影响规律相似。矿物掺合料掺量对混凝土抗冻性能的改善存在临界值,超过该临界值后,矿物掺合料结合情况弱化,集料与胶凝材料体系的界面层空隙率上升,孔结构变差。

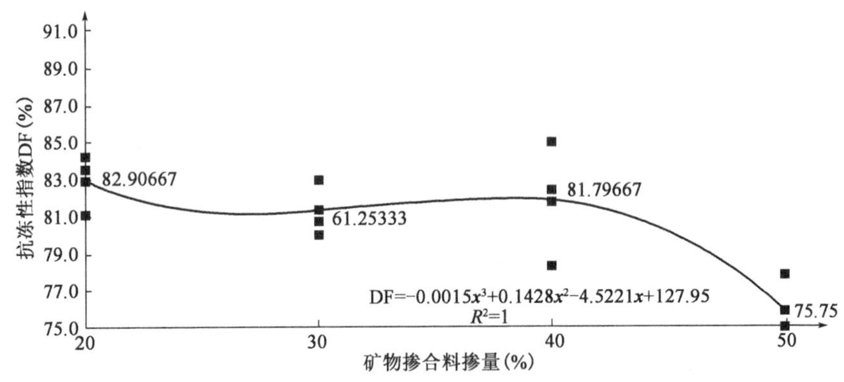

图 4-5　矿物掺合料掺量对高性能水泥混凝土抗冻性的影响

4.4.3　浆集比对混凝土性能的影响

浆集比参数更能体现从整体结构出发的设计理念,合理的浆集比能够控制拌合物性能,提高混凝土的耐久性,浆集比已成为高性能混凝土配合比设计的关键指标。美国学者 Mehta 和 Aitcin 提出，高性能混凝土最优的浆集比约为35∶65，考虑到原材料性能浮动、外加剂性能的改变、混凝土施工振捣设备及养护条件的差异，合理的浆集比各不相同，但变动范围较小。在实际施工中，往往选用尽量小的浆集比，原因是一定水胶比的条件下，浆集比小，则强度和开裂风险降低，弹性模量升高，体积稳定性得到加强。路用集料脆性较大，表观密度略低，通过浆集比的优化，有利于提高其模量，增强路用高性能水泥混凝土的耐久性。现设计相关试验，研究浆集比对高性能水泥混凝土强度、抗氯离子扩散性能和抗冻性能的影响规律。为了使相应的结论更具有代表性，选择中低强度的混凝土进行试验，试验设计和试验结果分别如表4-8和表4-9所示。

浆集比对高性能水泥混凝土性能影响试验设计 表4-8

试验编号	水胶比	浆集比（%）	粉煤灰掺量（%）	矿粉掺量（%）	砂率（%）
PA01 ~ PA03	0.35	30	15	15	40
PA04 ~ PA06	0.35	32	15	15	40
PA07 ~ PA09	0.35	34	15	15	40
PA10 ~ PA12	0.35	36	15	15	40

浆集比对高性能水泥混凝土性能影响试验结果 表4-9

试验编号	7d 抗压强度 $f_{cu,7}$（MPa）	28d 抗压强度 $f_{cu,28}$（MPa）	氯离子扩散系数 D_{RCM}（$10^{-12}m^2/s$）	抗冻性指数 DF_{300}（%）
PA01	41.70	49.30	4.57	74.50
PA02	40.50	47.10	4.44	81.20
PA03	44.10	46.10	4.02	83.30
PA04	43.10	57.60	4.23	84.00
PA05	47.50	55.10	3.96	87.00
PA06	43.80	50.20	4.40	85.00
PA07	40.50	54.10	4.36	82.00
PA08	37.80	54.70	4.21	80.80
PA09	44.50	50.50	3.79	88.30
PA10	40.10	56.80	3.41	78.40
PA11	42.80	51.20	3.92	74.20
PA12	38.60	57.60	3.75	75.80

将表4-9所列强度试验结果绘制成散点图并添加趋势线(图4-6),并拟合浆集比同混凝土抗冻性指数(DF)的关系函数。如图4-6所示,当浆集比(体积比)较低时,高性能水泥混凝土初期强度较高,随着浆集比的升高,初期强度降低。原因可能为水泥胶浆增多,矿物掺合料成分增加,不利于初期强度的形成;随着龄期的增长,混凝土强度随着浆集比的增加而逐渐增加,其中浆集比为36%时,$f_{cu,28}$达到最大值,原因可能为混凝土中浆体含量上升,集料用量减少,内部界面层的总面积减小,使得混凝土薄弱层减少,混凝土强度随之增加。总体而言,浆集比在32%~36%范围内,高性能水泥混凝土的$f_{cu,28}$随着浆集比的增加而升高。

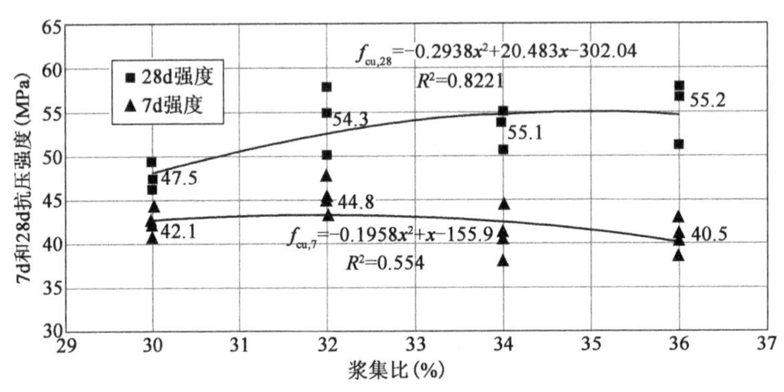

图4-6 浆集比对高性能水泥混凝土强度影响

线性拟合结果显示,高性能水泥混凝土的7d抗压强度同浆集比的线性关系并不明显,而28d抗压强度同浆集比的线性关系较好。因此,在一定范围内(30%~40%),对浆集比同试件抗压强度影响关系进行多项式拟合。

根据氯离子扩散系数试验结果绘制散点图(图4-7),并添加趋势线。

如图4-7所示,随着浆集比的增加,高性能水泥混凝土抗氯离子扩散性能逐步提高,且浆集比超过35%之后,氯离子扩散系数变化较大,浆集比36%的混凝土抗氯离子扩散性能较35%的混凝土提高了近10%,而浆集比30%~35%范围内的氯离子扩散系数变化率在3%左右;原因可能同胶浆含量上升带来的混凝土内部空隙率下降,孔结构优化,界面层强度和密实度提高有关。

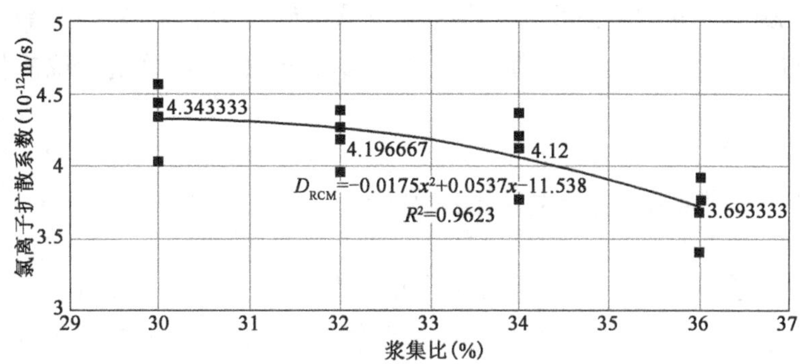

图 4-7　浆集比对高性能水泥混凝土氯离子扩散系数影响

根据表 4-9 冻融试验结果绘制散点图(图 4-8),并添加趋势线。如图 4-8所示,随着浆集比的提高,高性能水泥混凝土的抗冻性能逐渐提升,但当浆集比超过 35% 之后,路用高性能水泥混凝土抗冻性能不再提升,反而下降。浆集比为 32% 时的抗冻性指数比 30% 时提高了近 6% ,浆集比为 32% 时的抗冻性指数与浆集比 35% 时相近,而浆集比 36% 时的抗冻性指数较与浆集比 35% 时相比下降了近 10% 。由此可见,浆集比过大或过小都不利于高性能水泥混凝土的抗冻性能。

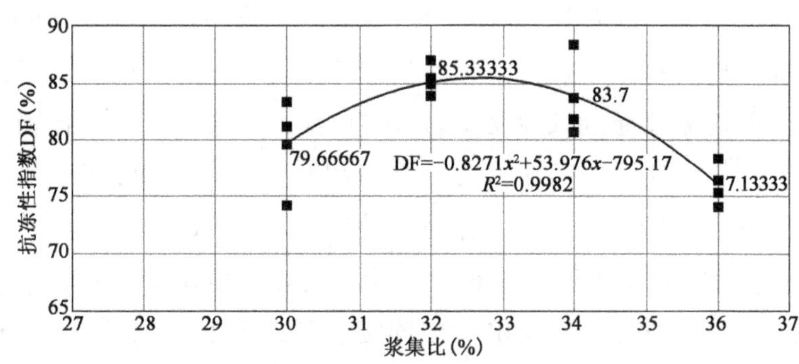

图 4-8　浆集比对高性能水泥混凝土抗冻性影响

产生此结果的原因可能为,浆集比过小时,混凝土内部界面层薄弱,空隙率也较大,抗冻效果不好,而云母含量较高,也不利于提升混凝土的抗冻性能。当浆集比过大时,由于本次试验采用的水胶比较大,矿物掺合料掺量也较大,实际水灰比偏高,在冻融循环周期内,矿物掺合料对混凝土强度的贡献效果未充分发挥的情况下,水泥石强度较低;同时,随着浆体含量增加,空隙中可参与冻融破坏的自由水量增加,两者综合作用导致混凝土抗冻性能被削弱。

4.4.4 砂率对混凝土性能的影响

砂率是影响混凝土性能的又一重要因素,其对新拌混凝土和易性的影响尤其明显,适宜的砂率可以改善混凝土的工作性,砂率过大和过小都会降低混凝土的流动性;水灰比低时,砂率增加,混凝土的包裹性和保水性提高,反之则容易发生离析和泌水;水灰比较大时,砂率对普通混凝土的抗压强度影响有限。

砂率的取值受多种因素的影响,如粗集料的最大粒径、级配、颗粒形状,砂的粗细,混凝土水泥用量以及是否应用外加剂(如引气剂或减水剂)等。一般认为,砂浆的细集料含量适当时对混凝土拌合物起润滑作用,可以有效包裹粗集料,降低颗粒之间的内摩阻力,所以在一定的砂率范围内,随着砂率的增加,拌合物黏度降低,流动性提高。但当砂率超过一定范围后,细集料的总表面积增加,如加水量一定,则砂浆的维勃稠度会进一步增加,从而降低拌合物的流动性。粗集料级配和水泥用量一定时,拌合物有一最佳砂率,这需要通过试验反复调整和检验。要使混凝土拌合物工作性良好,在设计配合比时必须使水泥砂浆将粗集料有效包裹,即砂浆的体积要大于粗集料自然堆积时的孔隙体积,因此,随着水灰比的变化,砂率对混凝土和易性有不同的影响,砂率的大小也要进行相应调整。对较大水灰比的混凝土,水泥浆较稀时要使水灰比固定不变,按相同总集料体积改变砂石比例,即砂率。

水泥用量与最佳砂率的关系如图 4-9 所示。

当水灰比较小时,水泥浆稠度的增加有利于混凝土拌合物获得较好的黏聚性,即使增加水泥砂浆量,拌合物的流动性也没有大的增加。当水灰比很小时(小于 0.35),必须掺加高效减水剂,但通过增加砂率也可以增加砂浆量,增加混凝土拌合物的流动性,同时提高水泥砂浆的密实程度。

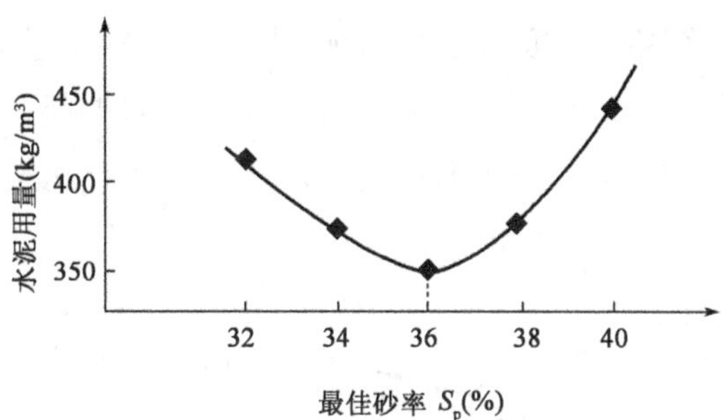

图 4-9　水泥用量与最佳砂率的关系

设计高性能混凝土时,水胶比或水灰比一般都较小,宜采用较高的砂率并同时掺加减水剂,但在满足和易性要求的前提下,应选择尽量低的砂率,这样既可节约水泥用量,又可获得设计要求的和易性。对于高性能混凝土来说,选取的砂率值一般在 35% ~45% 之间。

此外,砂率随粗集料捣实重度的增大而减小(捣实重度能间接反映密实度)。这说明级配和粒形良好的粗集料有着较大的捣实重度,即较小的空隙率,相应的砂率也较小,这显然是合理的,具体关系如图 4-10 所示。

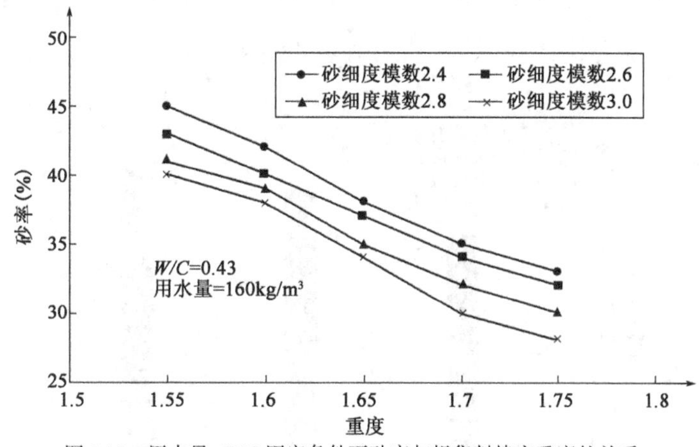

图 4-10　用水量、W/C 固定条件下砂率与粗集料捣实重度的关系

4.4.5　减水剂掺量对混凝土性能的影响

减水剂掺量对混凝土的工作性影响显著,从而间接影响混凝土拌合物状

态,对后期混凝土强度及耐久性也会产生影响。总体来看,随着减水剂掺量的增加,水泥初始净浆流动度将不断增加;当减水剂掺量过大时,水泥混凝土拌合物将出现离析、泌水等现象。由于路用混凝土对混凝土拌合物坍落度要求较低,在实际生产中应尽量减小减水剂掺量。减水剂掺量对净浆流动度的影响如图 4-11 所示。

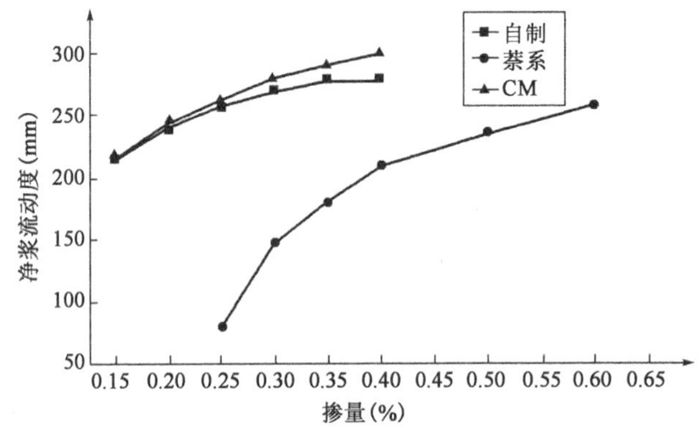

图 4-11　减水剂掺量对净浆流动度影响

注:自制减水剂为复合型聚羧酸高性能减水剂。

现采用相同的配合比及生产工艺,对掺加三种不同型号减水剂的高性能混凝土进行强度对比试验,具体试验结果如图 4-12 所示。

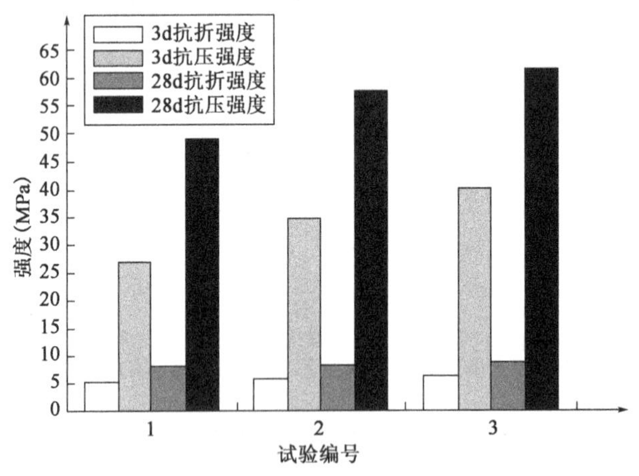

图 4-12　不同减水剂强度对比

注:编号 1、2 为普通聚羧酸高效减水剂,编号 3 为掺加引气剂的复合型聚羧酸高效减水剂。

如图 4-12 所示,复合型减水剂的抗折强度及抗压强度更好一些,原因可能与引气剂诱发的内部结构改善以及混凝土成形后混凝土密实度的提高有关。

4.5　路面高性能水泥混凝土配合比设计参数选择

美国学者 Mehta 和 Aitcin 在文献中提出了一套半经验半试验的高强高性能水泥混凝土配合比设计方法。该方法选取了浆集体积比、用水量、矿物掺合料掺量、砂率以及减水剂掺量五个配合比设计参数进行设计。根据该方法,初始配合比采用固定浆集比(体积比)35∶65、固定砂率 0.4 以及固定的矿物掺合料掺量。用水量根据强度等级划分而确定,高性能减水剂掺量在 1% 左右,根据实际情况可进行调整。若该方法使用性质稳定的原材料,可以简单高效地完成配合比设计,而我国地域广袤,生产实践中原材料性能很不稳定,采用该方法进行配合比设计时需要引入修正参数并结合多次试验完成。总体而言,Mehta 和 Aitcin 提出的这套设计思路为之后的研究奠定了基础。相应的,许多学者研究了基于固定(或最优)浆集比的高性能混凝土(HPC)配合比设计方法,主要理念与 Mehta 和 Aitcin 的方法相似。

陈建奎和王栋民提出的 HPC 全计算配合比设计,通过建立混凝土体积模型,以 Mehta 和 Aitcin 的方法推荐的浆集比和掺合料掺量为基础,经数学推导求得 HPC 用水量计算公式和砂率 S_P 计算公式;进行配合比设计时,将这两个公式与传统的水灰(胶)比计算公式相结合,计算混凝土各组分用量。

法国路桥实验中心(LCPC)提出了一套适用于 60 ~ 100MPa 混凝土的配合比设计方法。该方法以广义 Feret 公式预测混凝土强度,以 Farris 模型预测拌合物工作性(黏度)特征。配合比设计过程分为三部分:

(1)配制一种用水量最少、工作性良好的基准混凝土。

(2)配制几种胶结材料不同的浆体,通过调节用水量和增加外加剂,使其与基准混凝土所用浆体具有相同的流动度和流动度经时损失(根据 Farris

模型采用相同的集料时,这几组胶浆拌和的混凝土应具有相同的工作性)。

(3)用其中一种胶浆拌和砂浆进行强度试验,根据Feret公式,用砂浆强度预测混凝土强度,同时进行混凝土强度的测试,如果强度不满足要求,则换另一种胶浆进行拌和,重新进行强度试验。

阿部道彦等在日本的“新RC计划”的一系列试验研究的基础上,提出一套混凝土的配合比设计方法。此方法选取水胶比、细掺料水泥置换率、$1m^3$用水量和$1m^3$集料用量四个配合比设计参数。其中,水胶比的确定采用了Abrams公式,并考虑了含气量的影响;其余参数根据其所提供的经验表格确定。虽然研究局限于所用的特定原材料及工艺,但其设计思路仍具有参考价值。

此外,日本在“新RC计划”中对细掺料的水泥置换率进行了研究,结果见表4-10。

“新RC计划”中水泥置换率研究结果 表4-10

细掺料种类	推荐的水泥置换率(%)
硅灰	10
粉煤灰	10
8000cm^2/g级磨细矿渣	30~50
钙矾石系的细掺料	17

清华大学韩小华对基于工作的混凝土配合比设计方法进行了研究。该方法选取水胶比、浆体富余系数和砂浆富余系数为参数,进行混凝土配合比设计,建立了新拌混凝土拌合物的粗悬浮体系模型和三种颗粒悬浮结构体系,并通过试验分析了浆体富余系数和砂浆富余系数与混凝土工作性和强度的线性关系,新拌砂浆与新拌混凝土工作性和强度的关系。

大连理工大学王立久在架构混凝土基础理论研究中提出了一种以单位体积用水量、砂浆比和砂灰比为基本参数的设计方法。该方法以ISO标准砂为原料,采用砂灰比为3∶1、水灰比为0.5配置参照混凝土;用“砂浆比偏离”参数定量表达混凝土性能和参照混凝土的性能差异。

混凝土最大密实度理论指出,集料颗粒间的空隙由胶浆填充,在保证良好工作性的前提下,最优砂率小于集料颗粒物堆积最密时的砂率,胶浆含量尽量降低，使浆体体积略大于集料空隙，以降低工作性经时损失、水化热和碱-集料反应等。根据这一理论衍生出许多配合比设计方法，如 Domone P J L 的方法和 Carbonari B T 的方法，这些方法根据多次试验来确定最优砂率和浆体含量。基于最大密实度理论，清华大学王怀德对按照颗粒堆积物密实度线性模型计算的砂率进行了修正，提出了修正的线性密实度模型和指定胶浆黏性条件下不同砂率的调整值。应用时，根据集料级配采用修正模型计算的砂率，然后折减给出砂率调整值，最终得到基于最大密实度理论的最优砂率值。

目前的施工实践表明，掺加高效复合型减水剂后，混凝土的工作性能（坍落度和坍落扩展度）与用水量相关性减弱。目前缺少对掺加新型复合型减水剂后，用水量对混凝土工作性、耐久性影响的相关研究。此外，复合型减水剂的种类繁多，性能各异，不同减水剂与胶凝材料的相容性不尽相同。这些因素导致用水量指标对混凝土工作性的影响规律性差，其实际指导意义不强。因此，选择用水量作为配合比设计参数的实用性较差。浆集比对混凝土工作性、体积稳定性和经济性影响显著，浆集比是影响硬化前后混凝土性能的关键指标；合理的浆集比对混凝土性能的提高至关重要。因此，选用浆集比作为配合比设计参数具有指导意义。

综合分析以往理论研究成果和施工实践经验，现选取水胶比、水胶比确定下的浆集比、水胶比和浆集比确定下的砂石比（砂率）、矿物掺合料掺量及高效减水剂用量作为高性能水泥混凝土配合比设计参数。

4.6　配合比关键设计参数对高性能水泥混凝土性能影响正交分析

高性能水泥混凝土配合比设计的关键参数：水胶比、矿掺比、浆集比、砂率、外加剂掺量。部分应用中为了提高抗折性能，在拌合物中掺加聚合物，如聚丙烯等。高性能水泥混凝土的关键性能技术指标包括坍落度、抗折强度、抗折弹性模量、抗压强度、抗冻性及抗渗性能。

配合比关键设计参数范围如表4-11所示。

配合比关键设计参数范围 表4-11

参数	水胶比 W/B	矿掺比 M/B（%）	浆集比 P（%）	砂率 S_P（%）	外加剂掺量（%）
范围	0.36～0.44	10～50	30～40	35～45	0.5～1.5

目前施工现场多采用复合型高效减水剂，不同外加剂的成分及性能差异较大，针对单一品种外加剂的研究具有很大局限性，对施工实践的指导意义也不强。现选取水胶比、矿掺比、浆集比及砂率进行正交试验设计，通过试验探寻配合比设计参数对高性能水泥混凝土抗折强度、抗折弹性模量、抗冻耐久性指数、氯离子扩散系数及抗渗性能的影响。其中，将水胶比和矿掺比设计为5个水平，将砂率和浆集比设计为6个水平，具体试验设计及试验结果如表4-12所示。

关键参数对混凝土性能影响正交试验设计及试验结果 表4-12

编号	水胶比 W/B	矿掺比 M/B（%）	浆集比 P（%）	砂率 S_P（%）	28d抗压强度（MPa）	抗折强度（MPa）	抗冻耐久性指数（%）	氯离子扩散系数（$10^{-12}m^2/s$）
1	0.36	10	40	35	55.64	6.72	58.36	3.400
2	0.42	50	30	43	40.12	4.42	60.46	4.740
3	0.44	20	36	35	38.77	3.66	68.57	8.040
4	0.38	20	40	37	48.77	5.47	54.03	4.770
5	0.38	40	30	39	44.52	5.94	70.16	4.130
6	0.36	50	40	41	54.33	6.21	44.19	1.700
7	0.42	20	38	35	41.16	4.31	53.61	7.300
8	0.44	50	38	39	37.62	3.79	52.83	3.920
9	0.38	10	30	35	44.65	5.91	86.12	6.340
10	0.38	30	32	35	47.11	5.58	76.31	5.490
11	0.44	10	30	35	37.41	3.85	85.13	8.510
12	0.44	20	34	45	35.59	3.94	76.42	8.390

续上表

编号	水胶比 W/B	矿掺比 M/B (%)	浆集比 P (%)	砂率 S_P (%)	28d 抗压强度 (MPa)	抗折强度 (MPa)	抗冻耐久性指数 (%)	氯离子扩散系数 ($10^{-12}m^2/s$)
13	0.38	20	32	43	43.91	5.31	78.63	6.420
14	0.36	20	38	37	53.29	6.35	56.55	4.170
15	0.36	30	30	45	52.66	6.43	72.36	4.330
16	0.36	40	30	37	57.43	6.16	71.60	2.910
17	0.36	10	32	39	56.34	6.87	92.96	5.050
18	0.38	10	40	45	43.25	5.47	56.91	4.630
19	0.36	50	34	35	51.17	7.1	67.57	1.350
20	0.4	20	30	39	48.46	4.96	72.16	7.600
21	0.42	10	32	37	41.31	4.37	90.02	8.180
22	0.44	40	32	41	36.18	3.78	74.56	6.240
23	0.44	30	40	43	39.11	3.89	50.72	6.000
24	0.44	10	30	37	35.23	4.01	85.13	8.510
25	0.36	10	38	43	58.35	7.01	69.43	4.030
26	0.38	20	34	35	44.46	5.55	77.40	6.220
27	0.38	10	34	39	44.38	5.62	90.28	6.070
28	0.38	10	36	43	47.16	5.75	82.44	5.730
29	0.36	10	30	35	54.51	5.88	87.57	5.120
30	0.38	30	38	41	48.21	5.81	62.78	4.460
31	0.38	50	36	37	50.11	6.01	58.28	2.230
32	0.36	20	36	35	56.32	6.52	71.01	4.650
33	0.40	10	38	45	44.78	5.01	66.91	6.360
34	0.42	40	36	45	42.41	4.5	64.99	5.430
35	0.40	20	30	43	49.51	4.89	72.16	7.600
36	0.40	50	32	35	40.67	4.99	66.27	3.890
37	0.36	20	32	45	51.57	6.78	80.08	5.200
38	0.42	10	34	41	44.21	4.42	88.79	7.980
39	0.38	20	30	41	50.02	5.83	73.24	6.480
40	0.40	10	36	41	43.23	5.01	81.37	6.840

续上表

编号	水胶比 W/B	矿掺比 M/B (%)	浆集比 P (%)	砂率 S_P (%)	28d 抗压强度 (MPa)	抗折强度 (MPa)	抗冻耐久性指数 (%)	氯离子扩散系数 ($10^{-12}m^2/s$)
41	0.40	30	34	37	44.12	5.29	74.01	6.400
42	0.36	30	36	39	58.48	6.66	68.69	3.720
43	0.40	40	40	35	43.32	5.33	49.87	3.530
44	0.36	20	30	41	53.22	6.21	74.68	5.260
45	0.36	40	34	43	56.54	6.41	75.77	2.650
46	0.42	20	40	39	43.33	4.57	52.53	6.680
47	0.42	30	30	35	39.96	4.37	69.42	7.450
48	0.38	40	38	35	46.32	5.52	52.02	3.040
49	0.38	50	30	45	40.98	5.68	61.95	2.840

采用 SPSS 软件，对各设计参数与混凝土性能之间的关系进行主效应分析，并进行方差齐性检验。具体分析结果如下：

(1)根据表 4-12 试验结果，采用因变量为氯离子扩散系数(D_{RCM})的主体间效应检验结果，如表 4-13 所示。

因变量为氯离子扩散系数(D_{RCM})的主体间效应检验结果 表 4-13

项　目	Ⅲ型平方和	df	均　方	F	Sig.
校正模型	166.226[a]	18	9.235	152.898	0.000
截距	994.669	1	994.669	16468.525	0.000
水胶比	74.739	4	18.685	309.357	0.000
矿掺比	76.945	4	19.236	318.489	0.000
浆集比	14.147	5	2.829	46.846	0.000
砂率	0.395	5	0.079	1.309	0.287
误差	1.812	30	0.060		
总计	1568.529	49			
校正总计	168.038	48			

注：a 表示 $R^2=0.989$(调整 $R^2=0.983$)。

如表 4-13 所示，对于高性能混凝土的氯离子扩散系数，配合比设计参数的影响效应从大到小的顺序为：矿掺比、水胶比、浆集比、砂率。其中矿掺比和水胶比的影响都很大。

不同配合比设计参数对 D_{RCM} 的具体影响规律如图 4-13 ~ 图 4-16 所示。

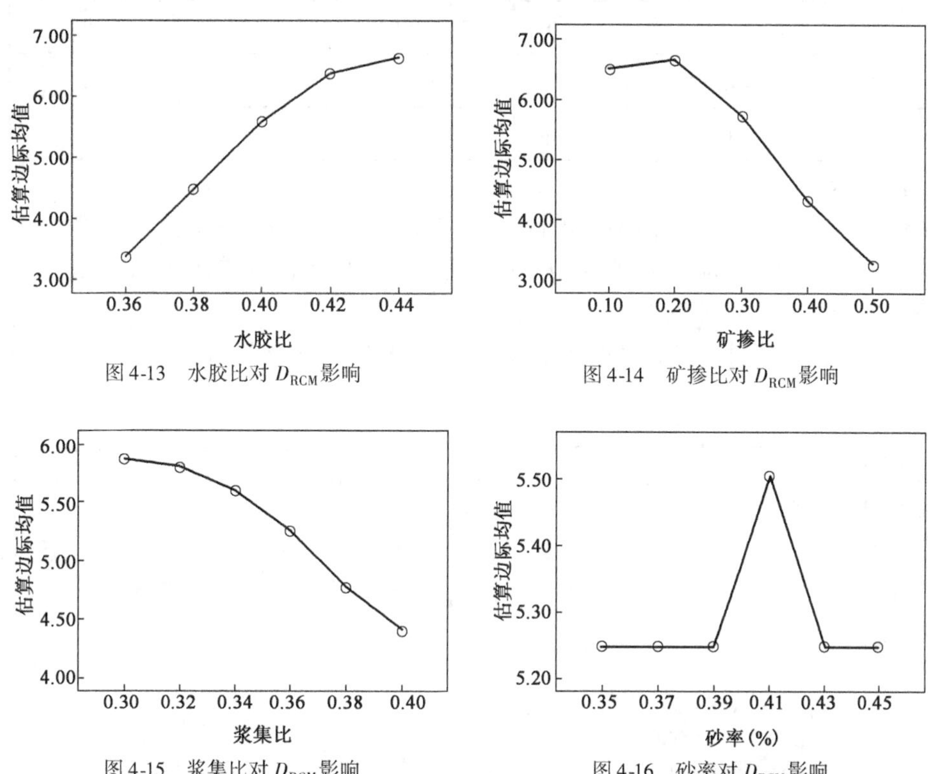

图 4-13 水胶比对 D_{RCM} 影响

图 4-14 矿掺比对 D_{RCM} 影响

图 4-15 浆集比对 D_{RCM} 影响

图 4-16 砂率对 D_{RCM} 影响

(2)根据表 4-13 的试验结果,采用因变量为抗冻耐久性指数(DF)的主体间效应检验结果,如表 4-14 所示

因变量为抗冻耐久性指数(DF)的主体间效应检验结果 表 4-14

项目	Ⅲ型平方和	df	均方	F	Sig.
校正模型	0.633[a]	18	0.035	46.237	0.000
截距	15.999	1	15.999	21050.651	0.000
水胶比	0.008	4	0.002	2.505	0.063
矿掺比	0.208	4	0.052	68.535	0.000
浆集比	0.410	5	0.082	107.819	0.000
砂率	0.007	5	0.001	1.804	0.142

续上表

项　　目	Ⅲ型平方和	df	均　　方	F	Sig.
误差	0.023	30	0.001		
总计	24.418	49			
校正总计	0.655	48			

注：a 表示 R^2 = 0.965（调整 R^2 = 0.944）。

如表4-14所示，对于高性能混凝土因变量为抗冻耐久性指数（DF），配合比设计参数的影响效应从大到小的顺序为：浆集比、矿掺比、水胶比、砂率。其中砂率和水胶比的影响都较小。

不同配合比设计参数对抗冻耐久性指数DF的具体影响如图4-17～图4-20所示。

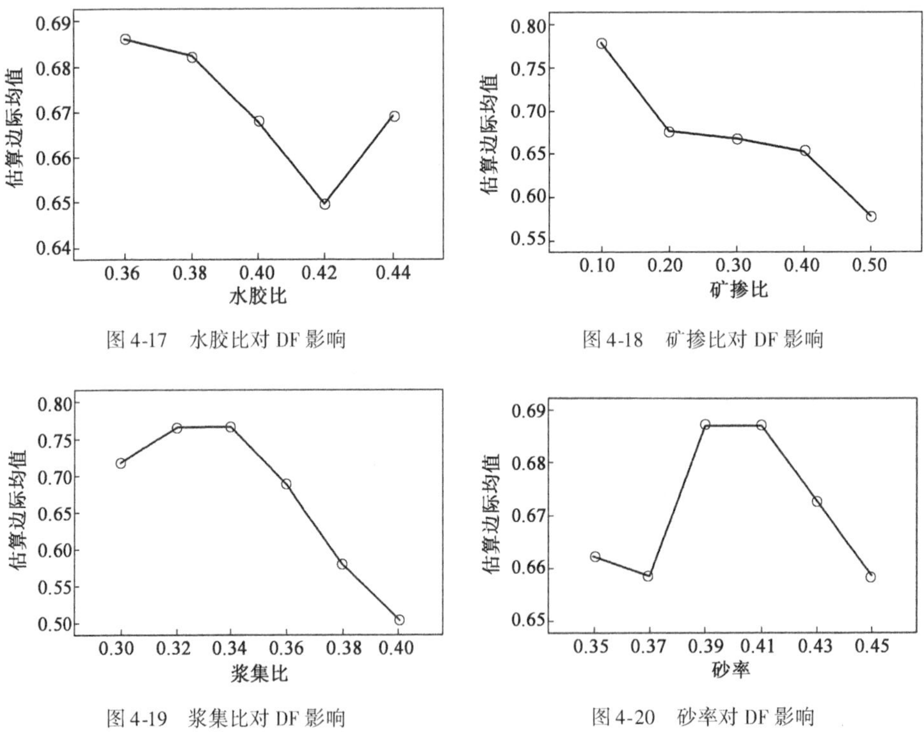

图4-17　水胶比对DF影响

图4-18　矿掺比对DF影响

图4-19　浆集比对DF影响

图4-20　砂率对DF影响

（3）根据表4-14试验结果，采用因变量为28d抗压强度的主体间效应检验结果，如表4-15所示。

因变量为 28d 抗压强度的主体间效应检验结果　　表 4-15

项　目	Ⅲ型平方和	df	均　方	F	Sig.
校正模型	1919.410[a]	18	106.634	23.271	0.000
截距	72029.849	1	72029.849	15719.399	0.000
水胶比	1801.292	4	450.323	98.276	0.000
矿掺比	22.276	4	5.569	1.215	0.325
浆集比	34.546	5	6.909	1.508	0.217
砂率	61.296	5	12.259	2.675	0.041
误差	137.467	30	4.582		
总计	108165.286	49			
校正总计	2056.877	48			

注：a 表示 $R=0.933$（调整 $R=0.893$）。

如表 4-15 所示，对于高性能混凝土的 28d 抗压强度，配合比设计参数的影响效应从大到小的顺序为：水胶比、砂率、浆集比、矿掺比。其中砂率、浆集比和矿掺比的影响都较小。

不同配合比设计参数对混凝土 28d 抗压强度的具体影响如图 4-21 ~ 图4-24 所示。

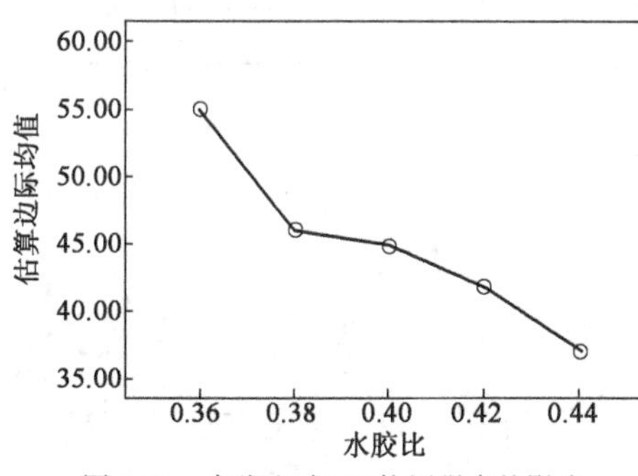

图 4-21　水胶比对 28d 抗压强度的影响

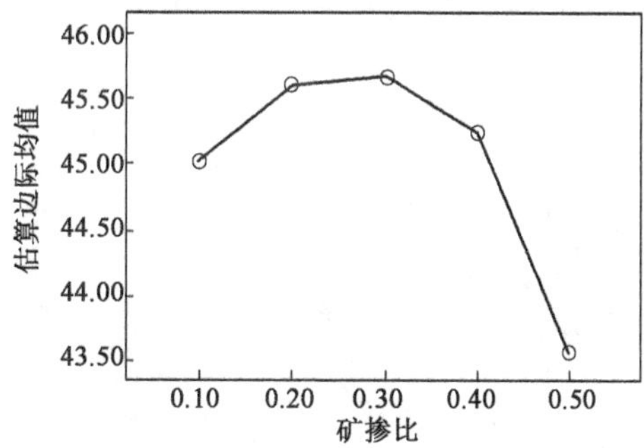

图 4-22　矿掺比对 28d 抗压强度的影响

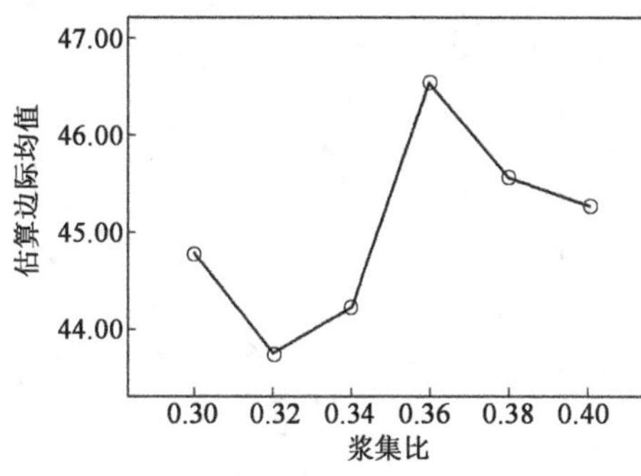

图 4-23　浆集比对 28d 抗压强度的影响

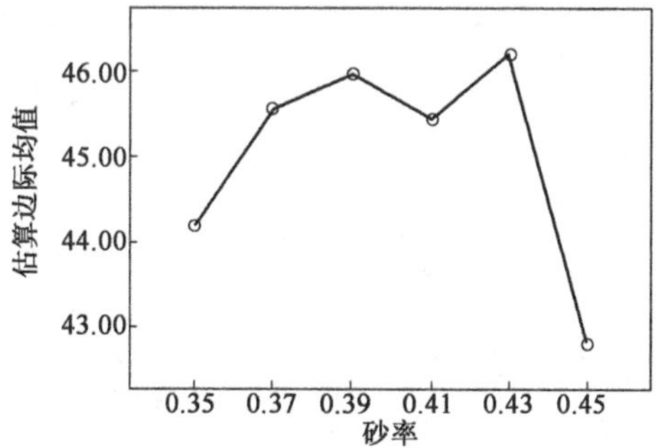

图 4-24　砂率对 28d 抗压强度的影响

(4)根据表4-14试验结果,采用因变量为28d抗折强度的主体间效应检验结果,如表4-16所示。

因变量为28d抗折强度的主体间效应检验结果 表4-16

项　目	Ⅲ型平方和	df	均　方	F	Sig.
校正模型	43.428[a]	18	2.413	34.815	0.000
截距	935.031	1	935.031	13492.566	0.000
水胶比	43.046	4	10.762	155.290	0.000
矿掺比	0.147	4	0.037	0.532	0.713
浆集比	0.134	5	0.027	0.388	0.853
砂率	0.100	5	0.020	0.290	0.915
误差	2.079	30	0.069		
总计	1469.168	49			
校正总计	45.507	48			

注:a表示$R^2=0.954$(调整$R^2=0.927$)。

如表4-16所示,水胶比对高性能混凝土28d抗折强度的影响较显著,而矿掺比、浆集比及砂率对高性能混凝土28d抗折强度的影响较弱,无明显影响关系。不同配合比设计参数对28d抗折强度的具体影响如图4-25~图4-28所示。

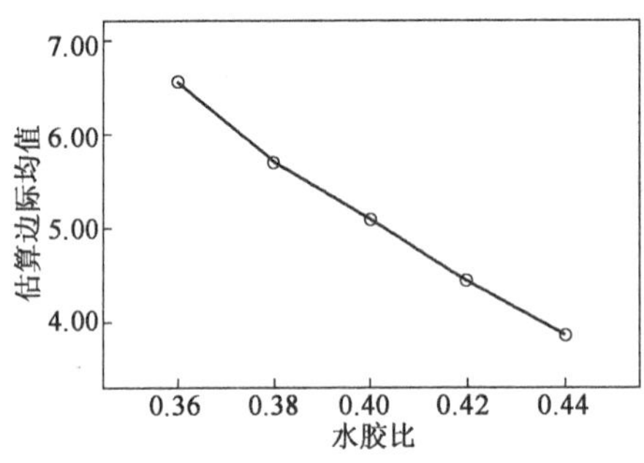

图4-25　水胶比对28d抗折强度的影响

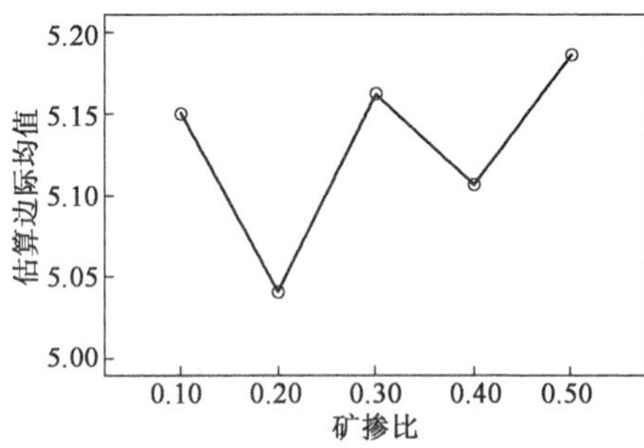

图4-26　矿掺比对28d抗折强度的影响

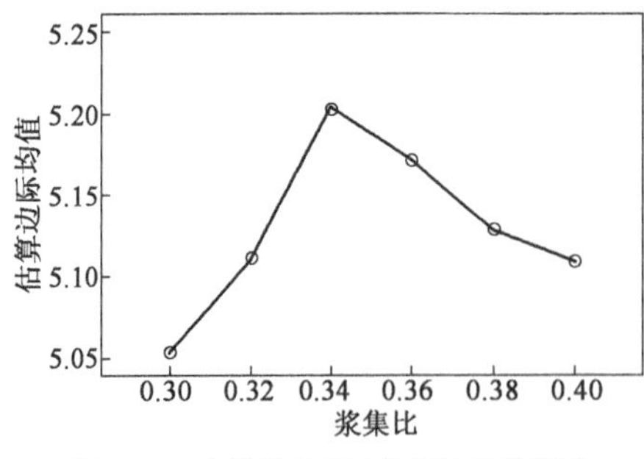

图4-27　水胶比对28d抗折强度的影响

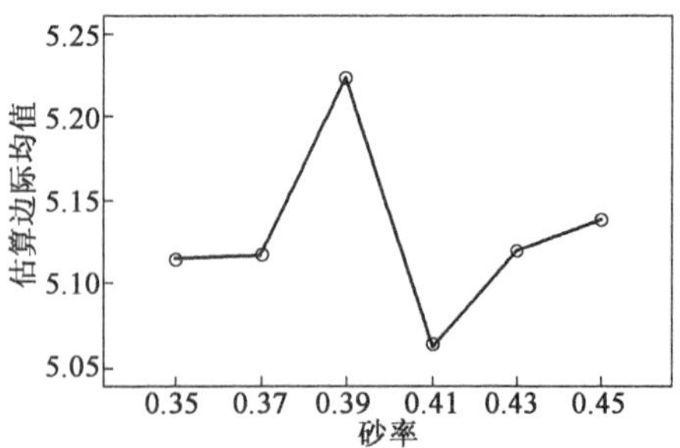

图4-28　砂率对28d抗折强度的影响

对于高性能混凝土的28d抗压强度,配合比设计参数的影响效应从大到小顺序为:水胶比、砂率、浆集比、矿掺比。对于高性能混凝土的抗冻耐久性指数DF,配合比设计参数的影响效应从大到小顺序为:浆集比、矿掺比、水胶比、砂率。对于高性能混凝土的氯离子扩散系数,配合比设计参数的影响效应从大到小顺序为:矿掺比、水胶比、浆集比、砂率;而对于28d抗折强度而言,只有水胶比对其具有显著的影响规律,其他配合比设计参数并无明显的影响规律显现。总体而言,水胶比为影响高性能水泥混凝土性能的主要配合比设计参数,其次为浆集比和矿掺比,砂率对高性能水泥混凝土的性能影响主要体现在对强度的影响上。

4.7　路面高性能水泥混凝土配合比设计方法

基于之前的研究结论,采用浆集比、水胶比、矿掺比作为关键的配合比设计参数。试验研究了混凝土强度、氯离子扩散系数及抗冻耐久性指数的单因素影响规律,并拟合相关影响函数。

基于正交试验结果及单因素分析结论可知,在高性能水泥混凝土配合比设计中,应首先确定水胶比 W/B,之后确定浆集比 P,最后确定矿掺比M/B。具体配合比设计流程如下:

(1)确定水胶比。

根据相应的指导性文件确定氯离子扩散系数限值和抗冻耐久性指数限值,如果抗冻耐久性指数(DF)验算结果不符合设计要求,则将水胶比下浮0.01再次进行验算,直到符合要求为止。

(2)确定砂率。

砂率的确定采用最大密实度原则。在粗集料级配确定之后,分别测定砂率36%~43%的8组集料组合的捣实堆积密度,按最紧密堆积原则,选取捣实密度最高的集料组合砂率为最终砂率。

(3)确定浆集比。

根据高性能水泥混凝土浆集比对强度的影响规律,浆集比选择见表4-17。

浆集比选择　　表4-17

强度等级	浆集比	强度等级	浆集比
C30～C50	≤0.31(1:2)	C60以上(不含C60)	≤0.38(1:1.63)
C50～C60(不含C50)	≤0.35(1:1.86)		

按照表4-17选择浆集比初值后，根据相应指导性文件要求，验算在选定浆集比下混凝土的氯离子扩散性能及抗冻耐久性指数。

如果验算结果不符合设计要求，则将浆集比上下浮动0.01再次进行验算，直到符合要求为止。

(4)计算粗、细集料用量。

(5)确定矿掺比。

根据上述所得结论，建议矿物掺合料掺量 M 取10%～40%。采用粉煤灰和矿渣粉等量双掺。

如验算结果不能满足设计要求，则将矿物掺合料掺量上下浮动5%再次进行验算，直到符合要求为止。

(6)确定外加剂掺量。

减水剂使用聚羧酸减水剂，减水剂掺量应根据产品特性和试验确定。

(7)验算混凝土总碱含量。

依据混凝土构件所处环境确定其环境作用等级及混凝土总碱含量限值。按照相关公式对混凝土总碱含量进行验算。

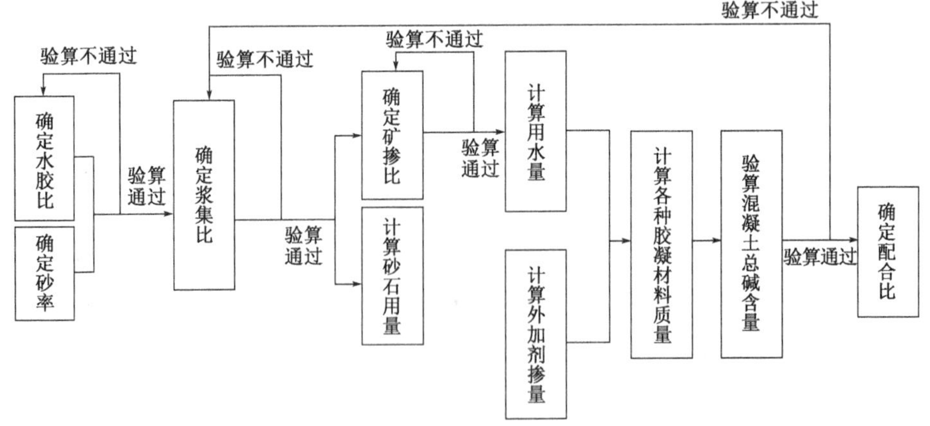

图4-29　高性能水泥混凝土配合比设计流程图

若总碱含量验算结果不合格,则返回步骤(3),调整浆集比,重新计算,然后再次进行验算,直到满足要求为止。高性能水泥混凝土配合比设计流程如图4-29所示。

4.8　本章小结

结合试验研究及理论分析,本章得到以下主要结论:

(1)采用正交试验的方法,分析了关键配合比设计参数对混凝土性能的影响关系。对于高性能水泥混凝土的28d抗压强度,配合比设计参数的影响效应从大到小顺序为:水胶比、砂率、浆集比、矿掺比。对于高性能水泥混凝土的抗冻耐久性指数DF,配合比设计参数的影响效应从大到小顺序为:浆集比、矿掺比、水胶比、砂率。对于高性能水泥混凝土的氯离子扩散系数,配合比设计参数的影响效应从大到小顺序为:矿掺比、水胶比、浆集比、砂率。而对于28d抗折强度而言,只有水胶比对其具有显著的影响规律,其他几个配合比设计参数并无明显的影响规律。总体而言,水胶比为影响高性能水泥混凝土性能的主要配合比设计参数,其次为浆集比和矿掺比,砂率对高性能水泥混凝土的性能影响主要体现在对强度的影响上。

(2)以水胶比、浆集比、矿掺比、砂率及外加剂掺量为主要配合比设计参数,针对路用高性能混凝土,结合之前研究所得混凝土性能同配合比设计参数的函数关系式,确定了全新的耐久性性能验算的配合比设计方法。

(3)原材料质量控制、配合比参数的影响分析是混凝土路面施工前需要解决的主要技术难题。本章通过理论分析与试验研究的方式分析了原材料及配合比设计参数对高性能水泥混凝土性能的影响,总结出原材料控制的技术要求及配合比设计参数对混凝土性能的具体影响规律。4.3节中给出了水泥、集料、水、外加剂、矿物掺合料的具体性能指标建议,4.4节总结出具体的单因素影响规律,并拟合出相关的影响函数。

第5章　高性能水泥混凝土收缩特性研究

5.1　差热分析在水泥水化研究中的应用

5.1.1　差热分析的测定原理

物质在受热或者冷却过程中，当达到某一温度时往往会发生熔化、凝固、晶型转变、分解、化合、吸收、脱附等物理或化学变化，因而产生热效应。其表现为体系与环境（样品与参比物）之间有温度差。

差热分析以某种在一定试验温度下不发生任何化学反应和物理变化的稳定物质（参比物）与等量的未知物在相同环境中等速变温的情况下相比较，未知物的任何化学和物理上的变化，与和它处于同一环境中的标准物的温度相比较，均出现温度暂时增高或降低。温度降低表现为放热反应，温度增高表现为吸热反应。

差热分析测定原理：利用差热电偶来测定热中性体与被测试样在加热过程中的温差，将差热电偶的两个热端分别插在热中性体和被测试样中，在均匀加热过程中，若试样不发生物理化学变化，没有热效应产生，则试样与热中性体之间无温差，差热电偶两端的热电势互相抵消；若试样发生了物理化学变化，有热效应产生，试样与热中性体之间就有温差产生，差热电偶就会产生温差电势。将测得的试样与热中性体间的温差对时间（或温度）作图，就得到差热曲线（DTA 曲线）。在试样没有热效应时，由于温差是零，差热曲线为水平线；在有热效应时，曲线上便会出现峰或谷。曲线开始转折的地方代表试样物理化学变化的开始；峰或谷的顶点表示试样变化最剧烈的温度，热效应越大,则峰或谷越高,面积越大。

5.1.2 差热分析在确定水泥水化产物中的应用

不同品种的水泥在水化过程中得到的水化产物是不同的,即使是同种水泥,由于生产或水化过程中的环境、条件不同,得到的水化产物的品种及数量也不尽相同。不同的水化产物在加热过程中脱水、分解的温度各不相同,体现在差热曲线上就会在不同温度下出现不同的峰和谷。

5.1.3 水化产物转变温度及热效应的确定

水泥水化后的产物在加热过程中可能会发生脱水、分解、相变、玻化、反玻化等一系列转变过程。这些转变在一定的温度下进行,但试验条件不同,转变发生的温度也会有所不同,甚至有些转变会被抑制,因此确定并控制转变温度,对材料的生产和使用具有现实意义。

差热分析试验在程序控温下测量样品与参比物的温度差与温度(或时间)相互关系。差热分析试验手段便捷,在化学科学、材料科学、生命科学和物理科学等研究领域中得到广泛应用。但是差热分析试验是基础试验,多年来没有太大的改进,致使试验远远跟不上现代教学和科研的需要。为此,在试验教学中改进了试验试剂和试验方法,使差热试验更加直观和合理。

差热曲线峰的起始温度和终止温度的确定方法有两种:一是拐点温度,即开始偏离基线点的温度;二是用外推起始(终止)温度。用得较多的是后一种方法。外推起始和终止温度的确定方法如图4-31所示,沿峰两侧最大斜率点做切线,使其与外推基线相交,所得交点对应的温度就是起始温度(图5-1中 G_i)和终止温度(图5-1中 G_t)。通常DTA曲线上所标的温度是峰温度,它是峰顶所对应的温度(图5-1中的 T_m)。

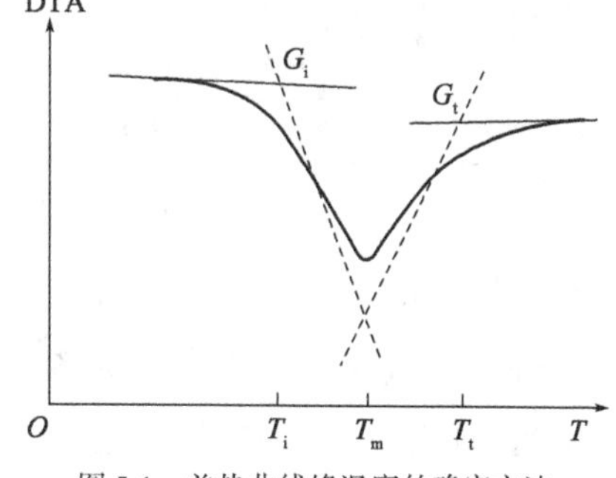

图5-1 差热曲线峰温度的确定方法

5.2 混凝土早期收缩及开裂性能研究

5.2.1 混凝土早期收缩分类与评析

混凝土的早期收缩开裂是非荷载引起的混凝土开裂，主要是混凝土在约束条件下的收缩或局部膨胀变形在内部产生应力超过抗力而造成的。早期的混凝土，其凝结硬化程度低，抗压强度小，抗拉强度更小，较大的变形在受到约束时很容易引起开裂。混凝土早期开裂主要是混凝土早期收缩所致。混凝土早期收缩有多种形式，下面分析高性能水泥混凝土的早期收缩开裂情况。

混凝土早期变形除水泥水化引起水泥浆收缩外，还会在外界环境的影响下发生其他类型的收缩。但总的来说，水泥基材料的早期收缩变形主要包括塑性收缩、自收缩、早期干燥收缩和温度下降引起的冷缩四种。碳化收缩常发生在混凝土硬化后期，但考虑到其形成条件及开展时间，也将其视为早期收缩的一种。水泥混凝土早期收缩类型及对应危害程度分别见表5-1、图5-2。

不同类型收缩性能对比　　表5-1

收缩类型	形成机理	出 现 时 间	外观表象	收缩大小	影响程度
塑性收缩	水分蒸发	混凝土凝结前后	表面龟裂	大	严重
自收缩	温度改变	混凝土拌和后早期	内部微裂缝	中	中等
干燥收缩	水分蒸发	凝结后早期	贯穿裂缝	大	严重
温度收缩	温度梯度	降温过程中	深度裂缝	小	较小
碳化收缩	化学反应	CO_2、水分充分时	表面裂纹	小	较小

1942年，Swayse定义塑性收缩为“水泥浆体积收缩（收缩的大小是干水泥绝对体积的1%）”。美国混凝土协会（ACI）将塑性收缩定义为“发生在水泥浆、砂浆、灰浆或者混凝土凝结前的收缩”。混凝土在浇筑后的塑性阶段发生塑性收缩，大约持续1～2h，在混凝土表面消失光泽时开始发生，混凝土凝结时结束。这种由塑性收缩引起的裂缝即所谓的塑性收缩开裂。

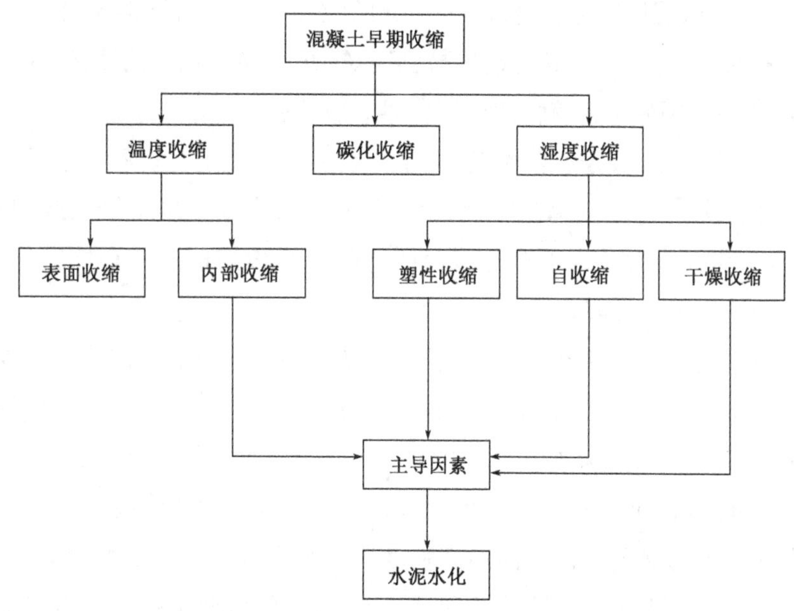

图5-2 水泥混凝土早期收缩类型

塑性收缩发生的原因是混凝土在硬化前养护不良,混凝土表面水分蒸发速率大于混凝土泌水速率,混凝土内毛细管中产生负压,出现收缩,导致浆体产生塑性收缩。塑性收缩开裂常出现在混凝土板、混凝土路面、混凝土地坪、混凝土梁等结构表面系数大的工程,在夏季有风时施工出现的塑性收缩开裂最为普遍。这种裂缝较浅,长短不一,短的仅有20~30cm,长的可达2~3m,宽1~5mm,裂缝互不贯通,类似于干燥的泥浆面。这种裂缝对结构强度几乎没有影响,但对混凝土结构的整体性和耐久性则影响明显。

高性能水泥混凝土的 W/C 低,自由水分少,辅助胶凝材料对水有更高的敏感性,在混凝土板、路面等大面积工程中,使用高性能水泥混凝土比用传统混凝土更容易发生塑性收缩而引起结构表面开裂。

干燥收缩简称干缩,是指混凝土停止养护后,在不饱和空气中失去混凝土内部毛细孔和凝胶孔中的吸附水(即蒸发)而发生的不可逆收缩。混凝土的干缩由表及里逐渐扩展,外干内湿,由表及里呈现湿度梯度,因此收缩也由表及里逐渐减小。混凝土表面收缩大,内部收缩小,表面的收缩受到混凝土内部的约束,承受拉应力,而混凝土内部的收缩受到来自混凝土外层的压应力。早期的混凝土抗压强度低,抗拉强度更低。当混凝土表层所受的拉应力超过此时的抗拉强度时,就出现裂缝,即干缩开裂。

由于混凝土内水分蒸发缓慢,干缩开裂多在混凝土浇筑后一个月甚至半年之后才发生。这种开裂在混凝土很浅的位置,有时呈平行线状或网状,很细微,常不为人们发觉。干缩开裂会严重降低结构的抗渗性和抗碳化性能,导致结构的耐久性下降。

严格来说,干燥收缩应为混凝土在干燥条件下实测变形扣除相同温度下的自生体积变形,但考虑到干燥收缩变形与同期自生体积变形对工程的影响效应相似,并且测试过程中这两种收缩在时间上也人为进行了划分,因此试验中,干燥收缩测试过程中的变形也包括在此期间的自收缩变形。

高性能水泥混凝土往往使用高强度等级水泥且水泥用量大,所用砂率也大,集胶比小,由于疏于早期养护和延长养护时间,因此干缩开裂比传统混凝土严重。

水泥在水化过程中释放出大量的热量,主要集中在混凝土浇筑后的前7d之内,一般每克水泥可释放出502J的热量。每立方米高性能水泥混凝土的水泥用量为500kg左右,每立方米混凝土放出热量约25000kJ。如此大的热量势必使混凝土内部的温度升高,若为大体积混凝土,则其内部温度可升至70℃甚至更高。由于混凝土内外散热条件不同,外表层散热快、升温慢、温度低,而内部则因混凝土不易传热而使水化热散不出来,故升温快、温度高,这就会在混凝土内外形成较大的温度梯度,导致混凝土内部受压应力,外部受拉应力。此时,混凝土的抗拉强度还很低,当拉应力超过抗拉强度时,就会在混凝土表面产生裂缝。以后混凝土开始冷却降温,体积收缩。混凝土表面冷却快、收缩快,而内部冷却慢、收缩慢,这种内外收缩的快慢不一,收缩又受到外界条件(如基底、其他构件等)约束,不能自由收缩,因此导致混凝土开裂,即温度收缩开裂。

水泥水化后,固相体积增大,但水泥-水体系的绝对体积减小,即水泥水化产物的总体积小于原来水泥和水的总体积,即化学收缩。Powers 经计算所得，化学收缩导致的体积减小为7%～9%。当 $W/C>0.5$ 时，混凝土的化学收缩与干缩相比，可忽略不计。但当 $W/C<0.35$ 时，混凝土内相对湿度很快降至80%以下，特别是高性能水泥混凝土在初凝之后产生的化学收缩相当可观，比普通混凝土大得多，成为开裂的重要原因之一。

5.2.2　混凝土早期收缩时间讨论及影响因素评析

混凝土在硬化及使用过程中会发生收缩，这种体积的改变源于多种原因，整体来讲，主要包括两个方面：一是混凝土自身，即内在因素，主要由混凝土组成材料的个体属性和混凝土配比组成决定；二是外在因素，主要由影响混凝土收缩的温度、湿度、风速和试件尺寸等组成。

混凝土的收缩时间具有连续性，并不存在客观的"分水岭"，因此早期收缩和后期收缩的划分带有主观性。混凝土从浇筑到温度变化过程稳定这段时间称为早期时间，对于普通结构混凝土，这一时间持续2～3d，对于大体积混凝土则更长。国内钱晓倩教授等研究发现，伴随水泥的水化，混凝土干燥收缩和自收缩在1d以内发展最快，3d以内发展较快，之后趋缓。

通常，混凝土所处环境温度的升高和湿度的降低都会增大混凝土的收缩，原因在于温度的升高加快了胶凝材料的水化速度，提高了水化相的体积含量；而伴随环境湿度的降低，水化相的失水速度加快，更多的毛细孔及胶凝孔由于水分散失而产生较大的毛细管压力，从而增大了混凝土的收缩。

影响混凝土塑性收缩的内在因素主要是 W/C、辅助胶凝材料、浆集比、混凝土温度等；外在因素则主要是风速、环境温度与湿度、凝结时间等。

(1)影响混凝土干缩的主要因素：

①水泥的干缩率：矿渣硅酸盐水泥>普通硅酸盐水泥>火山灰质硅酸盐水泥>粉煤灰硅酸盐水泥。

②水泥用量大、加水多，则混凝土干缩率大。

③砂率越大，则混凝土干缩越大。

④使用石灰石作粗集料时，混凝土干缩率小；用砂岩时，则干缩率大。

⑤掺用一级粉煤灰时，混凝土干缩率降低。

⑥当掺用硅灰时,混凝土易出现干缩裂缝,且掺量越大,裂缝出现越早,裂缝数量越多、越宽。掺用引气型减水剂时,混凝土干缩增大。

⑦养护不及时或养护天数少,在干热有风天气,干裂相当严重。

(2)影响温度收缩开裂的主要因素:

①水灰比 W/C。W/C 越大,混凝土的总放热量越大。

②水泥的特性。大多数高性能水泥混凝土使用预分解窑生产工艺烧成的水泥中硅酸三钙(C_3S)含量高,比表面积大(由过去的 300 ~ 320m^2/kg,增加到 360 ~ 380 m^2/kg),水化反应快,水化热高且集中。

③水泥用量大。大多数高性能水泥混凝土的强度等级都较高,水泥用量明显比普通混凝土多,导致水化热总量增大许多。

④集料的特性。集料的热膨胀系数低,则配制的混凝土的热膨胀系数也低,从而会降低混凝土的温度收缩变形,减少温度收缩开裂。

⑤环境温度。环境温度越低,混凝土结构冷却越快,温度收缩裂缝越严重。

⑥混凝土浇筑温度。混凝土浇筑温度越高,混凝土内部温升越高,导致混凝土内外温差增大,温度收缩开裂加重。

⑦混凝土降温速率。降温速率越大,收缩开裂越严重。

(3)影响高性能水泥混凝土化学收缩的主要因素:

①水泥的化学组成。首先是水泥熟料中铝酸三钙(C_3A)含量越高,则化学收缩越大,其次是 C_3S 含量提高,也导致化学收缩增大。高性能水泥混凝土主要使用新法水泥(即预分解窑烧成的水泥),这种水泥中 C_3S 和 C_3A 含量都高。

②胶集比。胶集比越大,化学收缩越大。高性能水泥混凝土胶集比较大。

③水泥用量与水泥细度。水泥用量越大,水泥细度越大,则化学收缩越大。高性能水泥混凝土水泥用量大且所用水泥细度大。

④掺合料品种。高性能水泥混凝土中掺入硅灰或磨细矿渣,掺量越多,则化学收缩越大,早期收缩速度越快;高性能水泥混凝土中掺入粉煤灰能有效降低化学收缩。

5.2.3 早期收缩测试方法

研究混凝土早期收缩需要解决的首要问题是,如何通过试验方法测得混凝土早期收缩的发展,从而可以定性比较由不同材料组成的混凝土收缩开裂趋势,为定量结构分析提供基础的材料性能数据。路用混凝土收缩具体研究内容如图5-3所示。

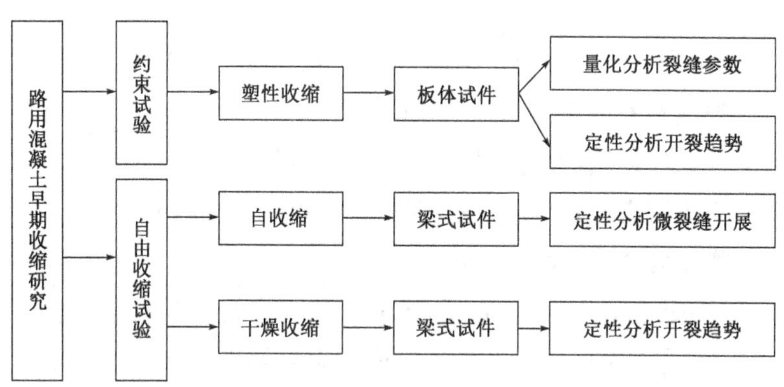

图5-3 路用混凝土收缩研究内容及其特性

5.2.4 路用混凝土早期干燥收缩性能研究

多数土木工程中,混凝土不会连续暴露在使水泥浆体中C—S—H失去结构水的相对湿度下,故引起收缩的主要原因是混凝土失去毛细孔和凝胶孔的吸附水。约束条件下,混凝土发生收缩,混凝土会产生拉力,如果该拉应力大于其最大抗拉强度时,便产生裂缝。这种现象在混凝土刚拆模后表现尤为明显,此时混凝土强度较低,干缩却非常大;同时,由于混凝土拆模后和空气接触使周围空气温度上升,周围空气湿度的降低进一步加大了混凝土的干燥收缩。

同其他混凝土建筑物相比,公路混凝土路面所面临的环境更为恶劣,尤其是早期混凝土强度较低时,一旦出现养护不当,往往会产生因水分蒸发过大而引起混凝土出现干燥收缩裂缝,若同时也有自收缩、温度变形以及塑性收缩等多效应的共同作用,混凝土开裂的可能性还将增加,导致混凝土路面板过早破坏、失效,因而控制路面水泥混凝土的早期干燥收缩非常重要。

5.2.5 路用混凝土抗裂性设计原则

混凝土作为一种非匀质材料,发生不均匀收缩常常不可避免,产生一些裂缝也很常见。通常根据裂缝对构造物及建筑设施的安全影响可分为无害裂缝和有害裂缝,不影响混凝土结构安全和耐久性的裂缝称之为无害裂缝,反之称为有害裂缝。根据国内外设计规范及有关试验资料,混凝土裂缝控制主要基于以下几点:

(1)室内正常环境,无腐蚀介质与之接触。

(2)潮湿或寒冷地区,无腐蚀介质与之接触。

(3)寒冷地区使用除冰盐或寒冷地区水位常变动的环境。

(4)受人为因素或自然影响有侵蚀性物质常与之接触。

(5)受海水影响的混凝土结构物。

同一般混凝土结构相比,混凝土路面对裂缝的限制要求更高。首先,混凝土路面承受交通重载及外界环境的耦合破坏作用,结构物承受条件较为恶劣,但经济的迅速发展及人们追求更好的行车舒适性,要求路面具有良好的使用性能;其次,水泥混凝土路面一旦出现裂缝或裂纹,它会在外界多重因素的综合作用下进一步扩展,给外界腐蚀介质提供有利通道,加速混凝土路面的劣化进程,大大缩短混凝土路面的寿命。因此,公路混凝土路面必须对裂缝有更高的限制要求,进而改善路面的长期服役条件,延长路面的耐久性。

5.3 高性能水泥混凝土的早期收缩开裂及裂缝控制

5.3.1 混凝土的早期收缩

随着环境中相对湿度的降低,水泥浆体的干缩增大,尤其是混凝土板,干燥只发生在板的一个表面,内部和外部的约束制约着水泥石的收缩。内部约束是由混凝土内的湿度梯度造成的。干燥收缩过程中产生不均匀的收缩变形,导致混凝土内部产生拉应力,当其超过混凝土的抗拉强度时便产生开裂。

(1)干燥收缩的机理

干燥收缩主要是由于失去毛细孔和凝胶孔的吸附水所引起的。当失去一部分水后在毛细孔中会形成凹液面,单个毛细孔的毛细孔压力(P)计算式为:

$$P=\frac{2\sigma}{r} \tag{5-1}$$

式中:σ——表面张力;

r——凹液面的半径,周围环境湿度越低,形成凹液面的半径就越小,毛细孔压力就越大,干燥收缩也就越大。

(2)干燥收缩的影响因素

影响混凝土干燥收缩的因素有混凝土的水灰比和水化程度、水泥的组成和水泥用量、细掺料和外加剂、集料的品种和用量。

5.3.2　高性能水泥混凝土的早期开裂及防裂措施

与普通混凝土相比,高性能水泥混凝土的塑性收缩和自收缩最为突出。由于高性能水泥混凝土水胶比低、自由水分少、成形后泌水少、表面水分蒸发快,所以比普通混凝土更容易产生塑性裂缝。在低水胶比与掺入较多活性细矿物掺合料的高性能水泥混凝土中产生的自收缩,会引起混凝土内部结构损伤,产生裂缝。

1)早期开裂显微镜观测及开裂趋势分析

(1)表面显微镜观测

水胶比越低,受约束高性能混凝土早期开裂趋势越明显,产生的开裂现象越严重。

干燥环境条件下,低水灰比高性能混凝土干燥表面易发生塑性收缩开裂;且水灰比越低,塑性收缩开裂越明显。这主要由于水灰比越小,干燥表面自由水含量越低,随着表面水分不断向干燥环境空间蒸发、散失,泌水速率(泌水量)越易低于水分蒸发速率(蒸发量),干燥表面越易发生塑性收缩开裂。同时，水灰比越小，早期收缩应力发展越快、值越大；塑性收缩裂缝在应力作用下越易扩展、延伸。因此，干燥条件及其引发的塑性收缩开裂，进一步增加了低水灰比高性能混凝土早期开裂趋势。

(2)早期开裂趋势研究分析

研究混凝土早期开裂趋势，评估高性能混凝土早期抗裂能力，必须在约束收缩的条件下进行。较为准确地预测约束状态下高性能混凝土早期开裂，是研究、评估高性能混凝土早期抗裂能力的基础，也是指导工程条件下高性能混凝土抗裂性能研究、抗早期开裂配合比设计优化的关键，同时也是确保高性能混凝土早期安全、可靠性及长期耐久性的前提条件。

进行高性能混凝土早期开裂预测首先应考虑约束状态下早期开裂驱动力——收缩应力，准确进行约束状态下高性能混凝土早期收缩应力观测、预测是早期开裂预测的基础。约束状态下，进行高性能混凝土早期收缩应力预测需综合考虑早期收缩变形、约束程度及力学性能发展等因素。

高性能混凝土早期力学性能的研究、预测是准确进行约束状态下收缩应力分析、计算的前提条件。其中，对收缩应力预测具有关键作用的力学性能指标主要包括弹性模量及早期的黏弹性能，而这些力学性能早期均处于不断发展变化过程中，为此研究混凝土早期力学性能随龄期发展的变化规律，准确对其进行预测，是开展混凝土早期收缩应力分析、计算的基础。

随着胶凝材料水化反应的不断进行，混凝土早期结构不断形成。而不同时期水化产物承受外力的能力各不相同，先期形成的水化产物承受应力能力较大，后期形成的水化产物承受应力能力较小，水化产物在形成瞬间不能承受外力。这表明在应力作用下，不同时期所形成的水化产物变形存在不协调性；同时早期水化反应所生成的凝胶体弹性模量处于不断发展过程中，与集料弹性模量存在较大的差别，故在应力作用下水化凝胶体与集料之间也存在变形不一致性，这势必在拉应力作用下使混凝土产生延迟变形，该延迟变形性能即为早期混凝土拉伸徐变性能。可见，早期拉伸徐变只与凝胶体有关，故早期拉伸徐变也可看作应力作用下凝胶体所产生的黏性流动。水化早期凝胶生成量小，凝胶体强度低，故在拉应力作用下拉伸徐变性能明显，即应力作用下凝胶体黏性变形增加速率显著。随着水化反应不断进行,凝胶量逐渐增加,凝胶体黏弹性变形与黏性变形增加,但增加的速度逐渐降低。

受水化反应影响,早期混凝土黏弹性能尤为明显,所表现出的拉伸徐变可有效释放约束状态下的收缩应力。故早期拉伸徐变性能对于受约束早期混凝土早期收缩应力分析和开裂趋势评估是最为重要的参量。收缩应力计算、分析的有效性、可靠性依赖于所建立的黏弹性模型是否能切实、有效地描述早期混凝土的拉伸徐变性能。

为使早期开裂预测准确可靠,除进行有效的收缩应力计算分析外,必须选择合理的预测方法,建立科学的开裂判据。虽然有关约束收缩的试验研究日益增多,对于开裂预测的研究却仍显不足。以往有关此方面研究多数基于强度理论结合约束收缩试验预测混凝土开裂行为,然而基于混凝土强度进行开裂预测往往如实反映实际开裂情况,且没有考虑到混凝土开裂过程中能量吸收机理。按照经典的强度理论,当最大应力达到混凝土强度极限时,构件就要破坏,但早期混凝土黏弹性能明显,开裂发生时,构件并非立即失效,裂纹的扩展需要一个过程。混凝土一旦开裂,裂纹前(尖)端的应力是一个变化复杂的(多向)应力,若用强度理论直接建立裂纹扩展的应力判据,显得十分复杂和困难;而且越接近裂纹尖端,无论混凝土内部应力 σ 如何小,裂纹尖端的各应力分量均趋于无限大,更无法基于强度理论用应力判据处理这一问题。为此,需要寻求新的力学参量研究早期高性能混凝土裂纹扩展,建立更为合理的断裂判据,以有效评估混凝土早期断裂性能。

①开裂趋势与水灰比关系

研究结果已表明,水灰比越低,高性能混凝土早期化学收缩及其引发的自生收缩越大;由于自生收缩主导单面干燥条件下低水灰比混凝土早期总收缩,故低水灰比混凝土早期总收缩增长率、数值同样处于较高水平。

同时,高性能混凝土随着水灰比降低,新拌混凝土内部自由水含量减少,浆体中胶凝材料颗粒间距离缩短;随着水化的进行,胶凝材料与水化产物越易相互搭接形成连通的固相网络结构。故水灰比越小,高性能混凝土拌合物内部早期固相结构发展越迅速,早期弹性模量增长速率越大。

早期弹性模量、收缩变形发展规律及其随水灰比变化情况,必然导致早期受约束高性能混凝土内部收缩应力增长速率、应力值随着水灰比降低而增大。同时,由上述的研究结果可知,高性能混凝土早期弹性模量增长趋势明显高于抗拉强度的增长趋势,必然导致约束状态下收缩应力增长速率明显高于抵抗收缩应力能力(抗拉强度)的增长速率。因此,随着水灰比降低,受约束高性能混凝土早期开裂趋势明显增加。

②开裂趋势与养护条件关系

对于早期高性能混凝土,若水胶比较大,则干燥环境条件作用引发混凝土发生明显干缩变形,收缩变形增加必然导致受约束混凝土内部收缩应力增长;且混凝土内部水分向环境蒸发、散失,在很大程度上影响胶凝材料水化,并进一步影响受干燥影响区域强度的增长。因此,干燥条件导致早期开裂趋势增加。

干燥条件并不明显增加低水灰比高性能混凝土早期收缩变形,但观测结果表明,干燥环境条件作用下,低水灰比高性能混凝土干燥表面易发生塑性收缩开裂;且水灰比越低,塑性收缩开裂越明显。同时,水灰比越小,早期收缩应力发展越快、值越大;塑性收缩裂缝在应力作用下易扩展、延伸。因此,干燥条件及其引发的塑性收缩开裂,进一步增加了低水灰比高性能混凝土早期开裂趋势。

综上所述,干燥环境条件作用导致受约束高性能混凝土早期开裂趋势明显增加。

③开裂趋势与矿物细掺料关系

硅灰的掺入,明显地增加了高性能混凝土早期自收缩变形;虽然对干燥条件下总收缩值影响不大,但掺入硅灰后可明显增加早期模量的增长速率。故掺入硅灰后,增加了受约束高性能混凝土内部收缩应力的增长速率;同时,硅灰的掺入降低了早期拉伸徐变性能。观测结果也表明,硅灰的掺入,在一定程度上增加了早期开裂趋势。

磨细矿渣后,在一定程度上增加了早期自收缩,并可明显增加干燥条件下的总收缩。但由于矿渣的掺入,在一定程度上降低了早期弹性模量增长速率。结果表明,在上述原因的综合作用下,使得矿渣的掺入并未明显增加受约束高性能混凝土内部收缩应力。同时,磨细矿渣的掺入明显增加了早期拉伸徐变性能。观测结果显示,磨细矿渣的掺入对受约束高性能混凝土早期开裂趋势影响不大。

2)防裂措施

(1)选料配料方面

①应选用 C_3A 含量低的水泥,低热水泥,尽量减少水泥用量。不要过度追求水泥的高强、早强,尤其不要不分场合地使用 R 型水泥。并非强度越高、混凝土中水泥用量越多就越能满足要求。水泥越是早强、高强,水泥用量越多,混凝土早期开裂的风险则越大。因此应尽量选用膨胀性小的集料,如石灰石,适当掺加引气剂,即减轻高性能水泥混凝土的早期开裂,又能改善抗冻性和抑制碱-集料破坏,还可有效提高流动性,便于泵送和浇筑。

②尽量多掺粉煤灰。

③尽量减小 W/C,砂率不要太大。

④使用减蒸剂如脂肪醇等,减少高性能水泥混凝土表面水分蒸发速率。

⑤掺加纤维材料,如钢纤维、耐碱玻璃纤维等。

(2)拌制、运输和浇捣方面

①夏季施工要防止暴晒砂石和混凝土,必要时可在混凝土拌制时掺入冰块,但必须计算冰块的水量并在配合比设计中扣除该水量。

②尽量避开低温季节施工,冬季浇筑后务必注意保温。

③尽量缩短运输时间,泵管可用湿麻袋包裹,以便降温。

④减少高性能水泥混凝土中水分散失,如湿润地基、模具等。

(3)养护方面

浇捣结束后要注意及时进行表面抹压收光。初凝前要抹压收光一次;从初凝到终凝要根据混凝土表面情况,抹压收光一次或两次。

要比传统混凝土更早进行保温保湿养护,并延长养护时间。

(4)结构设计方面

增加构造筋密度可提高混凝土的抗裂性能;构造筋应细,间距要小。

5.4 高性能水泥混凝土的干燥收缩和自生收缩试验研究

5.4.1 扫描电镜试验研究

(1)基本原理

扫描电镜是由三极电子枪发射出来的电子束,在加速电压作用下,经过2~3个电子透镜聚焦后,在样品表面按顺序逐行进行扫描,并激发样品表面产生二次电子信号,这些二次电子信号的强度随样品表面特征的不同而异,二次电子信号被探测器收集转换成电信号,经视频放大后输入到显像管栅极上,用来调制与入射电子束同步扫描的显像管亮度,得到反映试样表面形貌的二次电子像。

扫描电镜试验的观察范围很小,这是由电子束扫描的面积所决定的。对于10cm×10cm的荧光屏来说,放大100倍时,电子束扫描面积为0.01cm^2;放大1000倍时,电子束扫描面积为0.01mm^2;放大10000倍时,扫描面积只有0.0001mm^2,且由于混凝土是一种非均质或不连续的多相复合材料,因此扫描电镜试验会存在一定的随机性。为了使观察的现象有代表性,本节中所采用的扫描照片都是试样中有普遍代表性的图片。

(2)试验内容

本节通过环境扫描电镜研究了:①HSI20在3d、7d、28d龄期时的细观结构形貌;②HSⅡ20、SYⅠ20、HSⅠ0、HSⅠ30、HSⅠ40;KZ12、KZ20、PGLT8、PGLT15在3d龄期时的细观结构形貌。在试验中分别对砂坑、集料界面区、水泥石、粉煤灰颗粒表面等位置拍摄了环境扫描电镜图片,目的是比较混凝土在各个部位的水化物在种类、数量、形貌、结构致密程度等方面的差异,并分析造成差异的原因。

(3)试样制备

①用切割机切取不同龄期的各种配合比的混凝土试块,并在试块中间部

分取两片没有缺陷的混凝土试样，试样厚度不超过2cm。

②将准备观察的试样表面用丙酮溶液清洗干净，然后将试样置于烘箱中，在60℃下烘6h左右。

③立即将烘干的试样抽真空并镀膜，如果不能及时抽真空，则用丙酮溶液浸泡试样，使其中止水化。

④对试样进行扫描电镜试验前，应对试样表面进行喷金处理，喷金后应使导电膜均匀、连续，导电膜的厚度为20～30nm。

(4)试验仪器

环境扫描电子显微镜具有以下特点：允许样品在1～2600Pa的气相环境中进行检测，可以在与环境类似的气压下进行观察，通过控制样品的温度和气体的压力可以实现增湿和对干燥动态过程的观察。

5.4.2　高性能水泥混凝土自生收缩研究

影响高性能水泥混凝土材料早期开裂的另外一个重要力学性能为早期黏弹性能，混凝土早期收缩变形受到约束作用导致内部产生拉应力，按照线弹性理论，其值大小可近似地看作是弹性模量与收缩应变的乘积。但由于混凝土早期属于弹塑性体，故其在应力作用下表现出明显黏弹性能，即拉应力作用下早期混凝土产生拉伸徐变。拉伸徐变释放部分约束收缩所产生的拉应力，从而在很大程度上降低了混凝土早期开裂的危险性，延缓了早期开裂现象的发生。

因此，对高性能水泥混凝土早期力学性能的观测、预测是研究约束状态下收缩应力、开裂趋势的前提条件，必须结合收缩变形、收缩应力、拉伸徐变、弹性模量及抗拉强度研究高强、高性能混凝土早期开裂。

另外，养护条件和环境条件对高强、高性能混凝土早期的力学性能和开裂趋势具有显著的影响。实际工程条件下，混凝土在浇注和硬化的过程中往往暴露在干燥的环境条件下，即使采取一定的养护措施，也难以避免浇筑表面水分的蒸发散失。浇筑表面受干燥环境条件影响作用导致沿湿度扩散方向形成相对湿度梯度，进而产生收缩变形梯度及层间约束。即使无外部约束存在,层间约束作用也导致表层混凝土内部产生拉应力。而实际工程条件下混凝土均在受外部约束条件下成形、硬化,外部约束、层间约束共同作用在很大程度上增加了表层混凝土开裂的危险性。同时,表面干燥将严重影响干燥区混凝土力学性能发展,这将导致表层混凝土早期开裂趋势进一步增加。

随着龄期的增长,高性能混凝土弹性模量与劈裂抗拉强度均处于不断发展、增长过程中。对于各配合比的高性能混凝土,早期弹性模量增长速率明显高于劈裂抗拉强度的增长趋势,且这种趋势在浇筑成形后24h之内表现得尤为明显,而此阶段高性能混凝土收缩变形处于快速发展阶段,因而必然导致约束状态下收缩应力增长速率明显高于抵抗收缩应力能力(抗拉强度)的增长趋势。而收缩应力、抗拉强度的增长速率直接决定了混凝土早期开裂的趋势,故约束收缩条件下高性能混凝土具有早期开裂敏感性。

从浇筑后到最大收缩应力出现前,不同养护条件下收缩应力发展趋势基本相同,且所达到的最大收缩应力基本相等。一方面表明此阶段导致收缩应力增加的变形主要源于自生收缩;另一方面表明试件此阶段收缩变形及收缩应力受干燥环境影响不大。最大应力出现后,不同养护条件下收缩应力均在很大程度上被释放。收缩应力释放源于两方面原因:一是收缩变形相对稳定后,收缩应力作用下早期混凝土产生拉伸徐变;二是收缩应力最大值达到较高的水平(大于2.5MPa),如此大的内部拉应力作用于早期混凝土,导致混凝土发生早期开裂,裂纹形成在很大程度上释放了收缩应力。但不同养护条件下混凝土收缩应力释放程度并不相同,密封条件下收缩应力释放程度明显高于单面干燥条件下受干燥环境影响区域(25mm、75mm处)应力释放程度,而与单面干燥条件下不受干燥环境影响区域(125mm)应力释放程度几乎相同。这一方面表明,此阶段密封条件下混凝土徐变性能较为明显;另一方面也说明混凝土虽产生早期开裂,却未丧失承载能力,故继续收缩导致收缩应力增加。由于单面干燥条件下受干燥环境影响区域(25mm、75mm处)收缩变形较大,故经过明显应力释放过程后,其应力值较大。与之相比,密封条件及单面干燥条件下距干燥表面125mm处后期的收缩变形较小,故经过明显应力释放过程后,其应力值较小。

由单面干燥条件下收缩变形梯度研究结果可知,25mm 处受干燥环境影响作用比 75mm 处明显,故收缩变形较 75mm 处大。而比较单面干燥条件下距干燥表面 25mm 与 75mm 处收缩应力发展变化可知,经过应力明显释放过程后,75mm 处收缩应力大于 25mm 处收缩应力,且增长趋势较 25mm 处明显。这主要由于单面干燥条件下,低水灰比试件表面发生塑性收缩开裂,塑性收缩裂纹在收缩应力作用下扩展延伸,使得距离干燥表面越近的区域开裂程度越严重,因而对应力的释放程度越大。

5.5 本章小结

(1)影响高性能水泥混凝土早期收缩开裂的因素是复杂的,这些因素可能相互叠加,也可能相互抵消,必须根据具体情况,采取综合防裂措施。

(2)工程实践表明,混凝土的耐久性往往与混凝土的早期开裂行为密切相关,有必要建立统一规范的开裂评价体系,以综合评定混凝土的早期开裂,进而预测高性能水泥混凝土的耐久性。

(3)高性能水泥混凝土的早期收缩开裂是世界性难题,尚应加强研究工作。高强、高性能混凝土技术的发展,新型胶凝材料、外加剂的使用及大规模混凝土工程快速施工,使得高性能水泥混凝土早期开裂问题成为各国普遍关注的重要问题之一。虽然针对此问题进行了大量的研究工作,但是由于高性能水泥混凝土早期开裂问题的复杂性,至今仍有需要进一步研究和解决的早期开裂关键问题。

以往针对高强、高性能混凝土早期开裂的相关研究多聚焦于早期收缩变形的测定和机理分析上。实际上,收缩变形并不是决定混凝土开裂与否的唯一因素,混凝土早期不断变化的力学性能同样至关重要。

对于实际工程中受约束混凝土结构,早期弹性模量是极为重要的性能指标。混凝土早期弹性模量及其随时间发展变化对于约束状态下混凝土材料、结构设计而言至关重要,直接影响混凝土的早期开裂。混凝土浇筑后达到初凝状态时,其弹性模量便开始不断发展,直到可以观测的数值。Olivier 等人应用微观力学及水化反应理论研究了水泥基材料早期弹性性能，并观测了弹性模量发展与水化反应程度之间的关系。其研究结果表明，水泥基材料早期弹性模量开始发展时刻取决于水灰比的大小，并提出临界水灰比的概念，其值为0.318，即水泥基材料水灰比若低于此值，当超塑化剂的活性消失后，水化反应一开始，固相骨架便很快形成，弹性模量等弹性性能立即开始发展。而混凝土一旦具有弹性模量，收缩变形受到约束作用后，便会在内部引发拉应力，进而产生开裂的潜在危险性。

第6章　高性能水泥混凝土路面结构设计方法研究

6.1　混凝土疲劳特性分析

水泥混凝土路面在使用过程中不断承受行车荷载及温度和湿度变化所产生的应力反复作用,往往会造成材料内部缺陷的迅速扩展,导致路面易发生结构性破坏。提高路面混凝土的抗疲劳性能对延长混凝土路面使用寿命起着至关重要的作用。从材料学的角度来看,通过调整道路水泥混凝土的材料组分以及相关配合比参数,减少混凝土的原生缺陷,提高构件整体的均匀性、完整性,在一定程度上能够有效提高水泥混凝土路面抗疲劳性能。

在我国《公路水泥混凝土路面设计规范》(JTG D40—2011)的路面结构设计方法中,即考虑了满足路面结构性能要求,并以行车荷载和温度梯度综合作用下不产生疲劳断裂作为设计标准;以最重轴载和最大温度梯度综合作用下不产生极限断裂作为验算标准。混凝土路面出现疲劳损坏时所能经受的重复作用次数称为疲劳寿命。因此,对水泥混凝土路面疲劳寿命的试验预估非常重要。对高性能混凝土的疲劳性能进行试验检测和应力的对比分析,以期更加全面地评价高性能混凝土的综合路用性能。

疲劳破坏是材料结构组织在外界因素作用下发生的力学性能劣化,并导致体积单元破坏的现象。混凝土是由水泥、集料和水组成的复合材料,其在自然状态下是一种疏孔介质,而这种疏孔介质材料内部存在瑕疵或微裂缝,在荷载反复作用下,易发生应力集中而超出其强度,从而出现新的微裂缝或使已有裂缝扩展;另外,应力的反复作用使微裂缝逐步增多和扩展,不断减小有效的应力承受面积,最终在反复作用一定次数后会导致混凝土的开裂破坏。破坏时的弯拉强度可能远远小于混凝土材料的弯拉强度。

对于混凝土材料的疲劳特性,国内外已做了大量的研究工作。其中大部分工作是在试验室内进行的,对混凝土试件施加固定变化幅度的重复应力,直到试件破坏,以探讨重复应力大小与疲劳寿命的关系,以及影响这一关系的有关因素。

由于混凝土路面的实际工作状况与混凝土试件在室内的试验有很大的差别,进行野外公路的疲劳试验更符合实际情况。美国各州公路工作者协会(AASHO)通过试验路进行过混凝土疲劳特性的野外试验,Salsilli 等人又利用美国工程师部队(COE)1943—1973 年期间对机场混凝土道面上飞机荷载反复作用下的疲劳试验数据,并补充美国 AASHO 试验路的数据后,整理得出相应的疲劳方程。另外,还有用足尺路面结构试验模拟汽车荷载对路面的疲劳作用,如美国华盛顿州立大学室外大型环道试验。但是,由于混凝土路面的疲劳寿命很长,进行野外试验研究的难度很大,迄今仅有少量的研究成果。

我国对混凝土路面疲劳问题的研究始于 1974 年,1981 年开始对混凝土小梁试件进行了室内疲劳试验,并建立了疲劳方程,被应用于 1984 年版的《公路水泥混凝土路面设计规范》。1988 年起又进行了较大数量的小梁试件疲劳试验,建立了用于考虑荷载和温度应力综合疲劳作用的疲劳方程,供规范修订使用。

近年来,国内外学者对大孔隙水泥混凝土、贫混凝土、钢纤维混凝土、聚丙烯加筋混凝土等多种类型的水泥混凝土进行了室内小梁疲劳试验,分析了其各自的疲劳特性,得出了影响混凝土疲劳寿命的因素;除了应力以外,还有所施加的重复应力特征,如重复应力施加的频率和间歇时间,重复应力的变化幅度,重复应力变幅度施加等。

6.2 水泥混凝土路面设计标准及应力分析

6.2.1 温度应力假说

20 世纪 90 年代,Mihta P. K. 在第九届国际水泥化学会议上发表了混凝土冻融破坏的温差应力假说，该假说主要针对高强或高性能混凝土冻融破坏现象而提出。该假说认为高强或高性能混凝土发生冻融破坏是由于集料与胶凝材料之间热膨胀系数的差异所致。依据这一假说，改善混凝土抗冻性的目标是：增大混凝土的导热系数，缩小各种组成材料之间的膨胀系数的差异，适量引气。

温度应力是路面结构体随温度变化产生的热胀冷缩效应，但由于边界条件的约束，无法自由伸缩而在内部产生的应力。温度应力模型是在温度场模型的基础上，通过添加材料温缩系数、改变分析步骤等方式得到。

6.2.2　水泥混凝土路面温度应力分析及修正

温度应力随深度的增加而减小，最大温度应力出现在路表；降温幅度大，则产生的温度应力也大，增加的幅度随深度的增加而减小，尤其是每天20：00以后随着外界温度的降低，路面结构内部的降温速率更快；温度仅对11cm深度范围内的温度应力影响大，深度在11～47cm范围内时，温度应力变化小，此时对结构的影响可忽略不计。在相同的起始温度下，降温速率越快，产生的温度应力越大。因此，实际工程中一定要考虑不同环境下降温速率对沥青面层材料力学响应的影响，选择适合的沥青和沥青混合料。

针对现有温度应力计算方法，基层作为地基体系的一个结构层次，其特性融合在整个地基体系中，而以地基的综合特性——基层顶面当量回弹模量（简称基层模量）来考虑它与混凝土面层板的相互作用。分析基层模量对混凝土板温度应力计算结果的影响可知，采用这种方法时，随着半刚性基层刚度和厚度的增大，混凝土板温度应力也相应增大。有限元分析表明，采用刚度较大的半刚性基层或贫混凝土基层对温度应力的影响是有利的。分析计算温度应力时所采用的基层顶面当量回弹模量转化方法可知，现行综合回弹模量换算是建立在以弯沉为等效原则基础上的，显然这种换算原则忽略了基层与面层相互作用和基层对路面温度应力分担作用，掩盖了半刚性基层的特性。

混凝土面板内温度沿深度的分布，在大多数情况下呈非线性，并且非线性的程度随面板厚度的增加而越来越显著。温度呈非线性分布时,面板不同深度处各材料层的变形也相应呈现非线性分布的倾向。然而,由于各材料层的相互制约,面板截面在非线性温度分布作用下产生变形后,仍保持为一垂直于中面的平面。因而,面板不同深度处材料层便相应受到拉伸或压缩的内应力作用。严作人于1985年分析了非线性温度分布所产生的内应力,并提出了计入内应力的翘曲应力计算方法。谈至明进一步考虑到线性分布产生的翘曲应力和非线性分布产生的内应力在不同时刻的变化具有非同步的特性,提出了计入内应力的翘曲应力计算方法。

温度内应力系数的物理含义为最大温度内应力与无限大板的最大翘曲应力之比。最大温度内应力与最大温度翘曲应力不是同时出现的,最大温度内应力的出现比最大温度翘曲应力出现时刻早两个多小时。

在温度荷载作用下,路基路面体系会产生非稳态热传导现象,路面结构层会随着温度的升高或降低而趋于膨胀或收缩,导致温度应力的产生,甚至引起路面开裂。温度荷载施加的较短时间内,面层和基层出现明显的拉应力,且其峰值随着时间的推移逐渐往深部移动,这是由于温度荷载施加后,路面体系因温度升高而膨胀,引起拉应力的出现;随着时间的推移,热量向深部传导,当路面结构深部材料热膨胀量大于上部面层和基层竖向位移时,路面结构浅层出现压应力,且随着时间发展逐步增大,并最终趋于平衡。

6.2.3 典型破坏现象

疲劳断裂是混凝土路面的最主要的损坏形式之一。混凝土路面受不同车辆荷载的作用,同时也承受随机变化的温度梯度所引起的温度应力的反复作用。在荷载应力和温度应力的综合反复作用下,混凝土路面会出现疲劳断裂。

除结构的荷载疲劳断裂损坏之外,混凝土路面在接缝和角隅处还存在冲刷疲劳破坏。因冲刷疲劳而导致错台、板底脱空和角隅断裂等是重载条件下混凝土路面常见的损坏形式。板角和横缝边缘中部通常是产生最大挠度的荷载位置,也是雨水容易渗入的部位。当轴载尤其是重轴载作用于板角隅处附近时,产生的较大挠度量影响角隅和边缘下的地基塑性变形和脱空量,也影响滞留在脱空区内的自由水的流速,从而导致唧泥、错台和断裂等现象。同时,基层的耐冲刷能力、板的相对刚度半径、轴载的大小和作用次数、降雨量以及养护水平也影响基层的受冲刷效果。

另外,在某些交通量不大而有少量特重车辆行驶的公路上,按轴载累计作用次数设计所需的水泥混凝土面层厚度可能不大,这时有可能出现特重车作用少数次甚至一次后即发生断裂的情况。同时,在现有水泥混凝土面层厚度不大的公路上行驶特重车,也可能迅速引发面层断裂。

为有效避免由于温度应力而产生的裂缝问题,需要在混凝土工程施工过程中采用合适的集料和配合比,使用干硬性混凝土混合料并加入引气剂和塑化剂等添加剂的方法来避免由于温度应力而产生的裂缝。还可以采用减少水泥用量或在搅拌混凝土之前冷却混凝土中的石料等方法,使混凝土内部的温度得到一定的降低。

若在温度较高的夏季进行混凝土施工,则必须尽量降低混凝土浇筑体的厚度,从而提高混凝土浇筑体的散热性能,而且必须科学控制在分层浇筑的过程中浇筑第一层和第二层的时间间隔,并且在完成混凝土浇筑工作后立即开展养护工作,最大限度地避免裂缝的产生。

在混凝土施工过程中,温度应力的产生会经过早期、中期和晚期这三个阶段,并且在不同的阶段所产生温度应力的反应和特征都不同。首先,早期阶段是指从混凝土浇筑开始到水泥自身释放热量结束的整个过程,一般情况下早期阶段所需的时间在1个月左右,在早期阶段混凝土会经过自身释放热量和弹性模量变化的整个过程,而在这两个过程中便会由于相互作用而产生残余应力。其次,中期阶段是指从混凝土自身释放热量完成到混凝土筑体的整体温度下降到一个较为稳定的数值时的整个过程,在中期阶段产生的温度应力并非来自混凝土自身释放的热量,而是由于混凝土浇筑体受到外部环境温度的影响而产生的应力,中期阶段产生的应力很容易和早期阶段产生的残余应力合为一体而形成合力,从而很容易导致裂缝问题,但是在中期阶段,混凝土浇筑体自身的弹性模量较为稳定,不会再出现残余应力。最后,晚期阶段是指混凝土浇筑体的温度在完全稳定之后投入公路和桥梁建设当中进行运转的时期,在晚期阶段,由于混凝土浇筑体直接暴露在自然环境中,容易受到自然界温度变化的影响,也容易产生温度应力,最终使得混凝土浇筑体出现裂缝。

6.2.4 设计标准

针对重载交通混凝土路面出现的典型破坏现象,结构设计方法应以控制疲劳断裂和冲刷损坏断裂作为设计目标,并以一次荷载破坏作为验算标准提出最大限载水平。

6.3 影响水泥混凝土路面性能的因素分析

水泥混凝土路面的弹性模量较大,具有较高的抗压强度,但其抗拉能力弱,因此车辆在路面上行驶时,路面板的板底由于承受较大的弯拉应力通常会发生板体破坏等病害。影响板体性能的因素有很多,例如由于路面的不平整导致车辆震动,加剧对路面的破坏;车速的变化对板底应力的影响;轴载的大小影响路面的使用性能等。因此,本节研究了轴载、车速等对水泥混凝土路面板力学性能的影响,分析了路面的破坏机理,为结构设计提供可靠依据。

6.3.1 轴载的影响分析

轴载对水泥混凝土路面而言是特别敏感的问题,如果在实际的车辆运行中,车辆的轴载大于其额定值,会对路面的使用造成安全隐患,长期使用后路面在未达到设计使用年限前就会发生破坏。因此,本小节分析在不同荷载工况下路面结构各关键指标及使用寿命的分布规律。

(1)路面结构弯沉分析

车辆在标准轴载下以 80km/h 的速度在路面上行驶,选取 4 个不同荷载步状态下路面结构的弯沉云图,如图 6-1 所示。由图可知,黑色图形的区域为车辆行驶区域，荷载通过轮胎作用于路面结构，产生集中力，从而形成弯沉。随着深度的增加以及水平区域的扩大，应力向四周消散，弯沉逐渐减小。

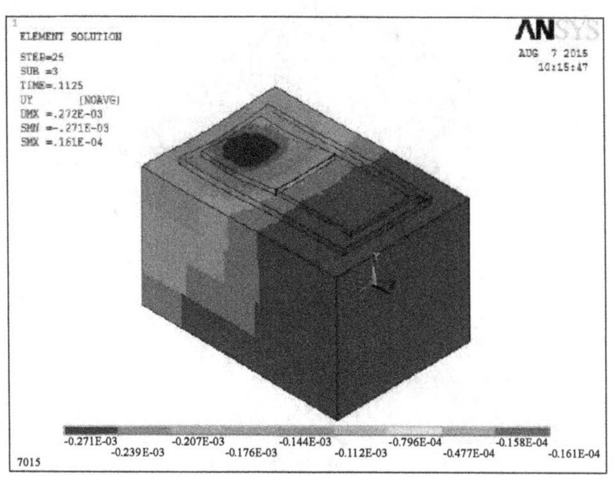

a）第25荷载步

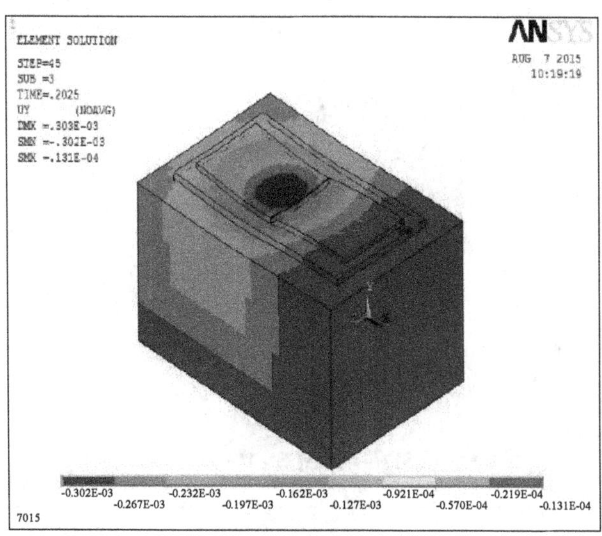

b）第45荷载步

图　6-1

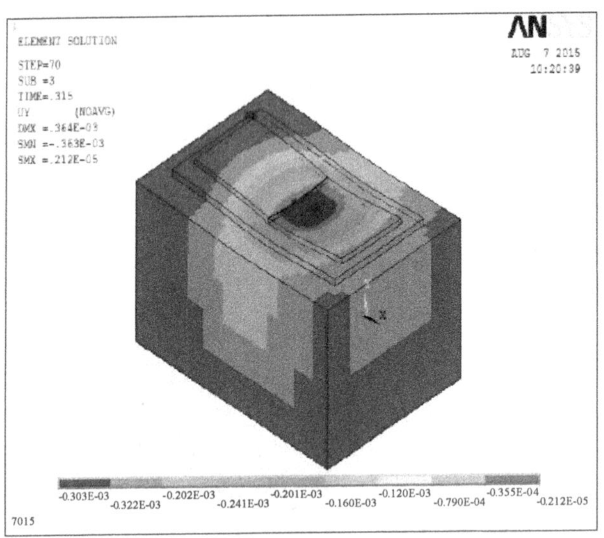

c)第70荷载步

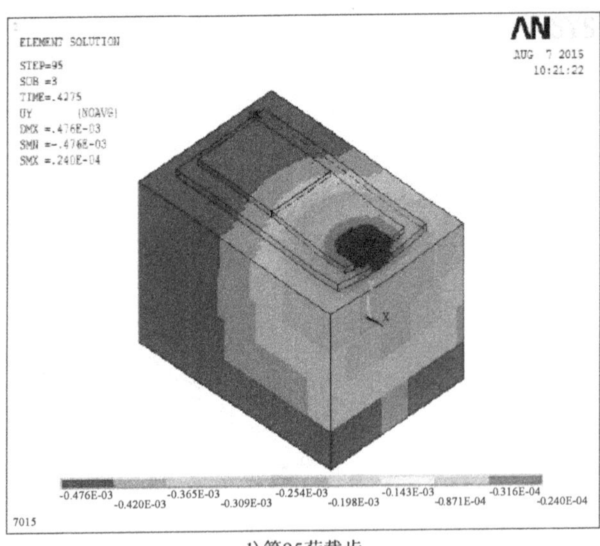

d)第95荷载步

图 6-1 标准荷载作用下车辆经过路面 4 个时刻的弯沉云图(单位:m)

注:计算机模拟图中的 E-3 表示 10^{-3},余类同。

由图 6-2 可知，在同一轴载作用下，随着计算深度的增加，荷载逐渐消散，弯沉逐渐减小。标准轴载状态下，土基顶面的弯沉占面板表面弯沉的 97%，因此，在施工和设计中要保证土基的强度及压实度，防止由于土基产生过大的变形造成路面结构的破坏。再以水泥混凝土路面板表面的计算节点为研究对象，可以发现弯沉随着超载率的增大呈线性增加。超载率为 25% 时，面板表面的弯沉与标准轴载的面板表面的弯沉相比增大 17%；超载率为 50% 时，增大 28%；超载率为 75% 时，增大 36%，因此要严格限制车辆的轴载。

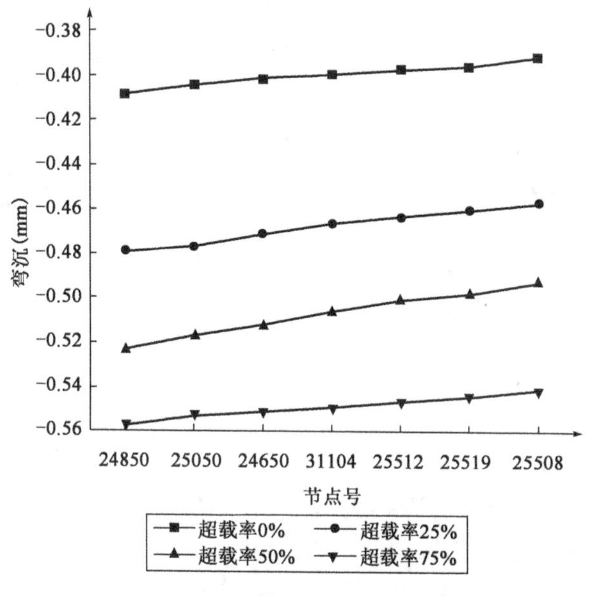

图 6-2 计算点弯沉的变化曲线

(2)路面结构垂直应力分析

图 6-3 为不同荷载工况下，各层计算点的垂直应力-时间历程曲线。由图 6-3 可知，当汽车逐渐行驶接近接缝时，接缝处计算点的压应力逐渐增大，行驶至接缝处时达到最大；当汽车行驶至另一块面板时，此时接缝处的计算点则受到另一块板传来的力，呈现受拉状态。而上述现象在路面板处最为明显，随着深度的增加，该现象有所减缓。由于混凝土受压性能很好，受拉性能很差，并且接缝处是路面结构中的薄弱地带，因此应注意防止拉力过大而造成接缝处的开裂。

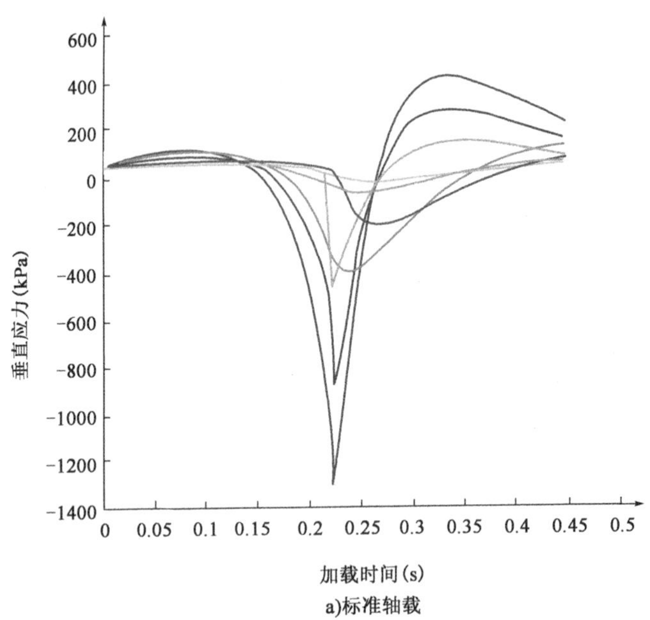

a)标准轴载

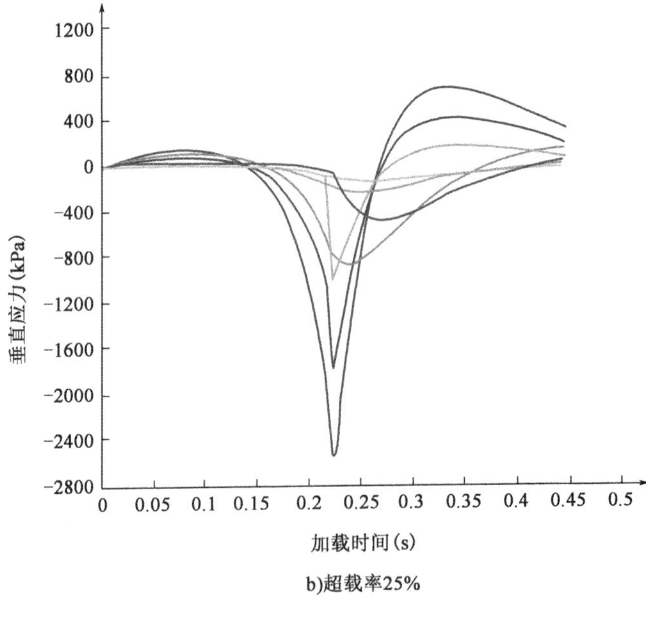

b)超载率25%

图 6-3

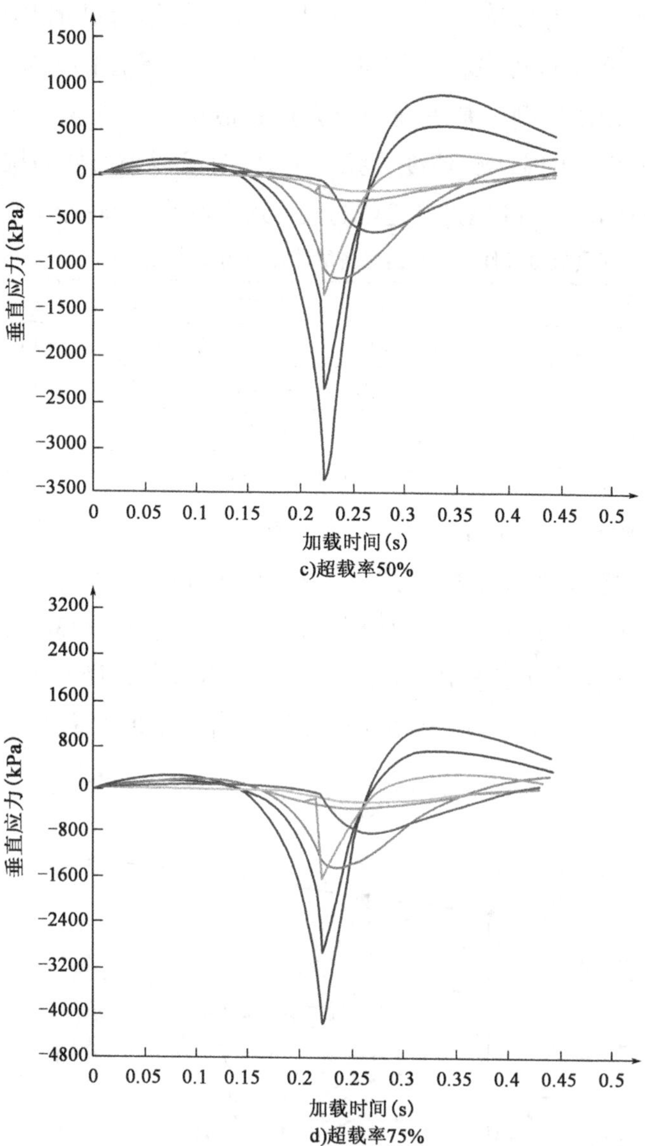

图6-3 不同超载率下各层计算点的垂直应力-时间历程曲线

注:图中7条线表示不同层(节点),这里未区分颜色,仅作示意。

表6-1为不同轴载条件下路面结构各层各计算点的压应力。由表6-1可知,荷载作用至接缝处时,路面结构受到的最大压应力出现在路面板的表面处。标准荷载作用下,最大压应力为0.128MPa,随着路面结构深度的增加,

各计算点的压应力逐渐减小。到底基层与土基结合处时压应力减小到0.008MPa,减小了94%,这是由于混凝土的刚度大、承压能力强,因此能够有效扩散荷载,使传递到土基表面的应力达到最小。当荷载移动至另一块板时,由于翘曲作用压应力快速变为拉应力,此时面板表面处的拉应力达到最大值,随着车辆的继续移动,接缝处的应力逐渐减小,最后趋于平稳。

不同轴载条件下路面结构各层计算点的压应力(单位:MPa)　　表6-1

节点号	24850	25050	24650	31104	25512	25519	25508
标准轴载	-0.128	-0.012	-0.061	-0.059	-0.047	-0.014	-0.008
超载率25%	-0.257	-0.175	-0.099	-0.082	-0.051	-0.019	-0.013
超载率50%	-0.349	-0.233	-0.127	-0.116	-0.069	-0,026	-0.019
超载率75%	-0.425	-0.289	-0.158	-0.147	-0.082	-0.038	-0.021

超载率对路面结构的最大拉应力与最大压应力的影响如图6-4所示,由该图可知,随着轴载的增加,路面结构受到的最大压力越来越大,最大拉力也逐渐增大。当超载率为75%时,最大拉应力为0.117MPa,虽远小于混凝土的抗拉强度设计值5MPa,但由于混凝土本身存在微小的裂缝,在荷载作用下会导致应力集中,造成路面板的开裂,因此要注意轴载对路面结构的影响。

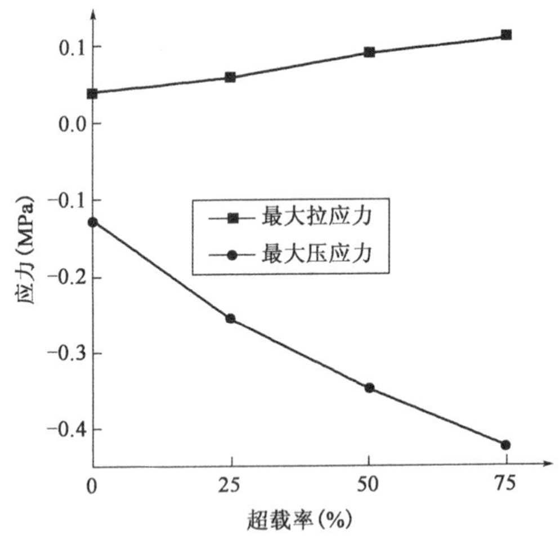

图6-4　超载率对路面结构的应力影响

6.3.2 车速的影响分析

车速是影响水泥混凝土路面性能的另一个重要原因，本节先观察车速为80km/h时的路面力学响应，再与车速为100km/h、120km/h、140km/h情况下的路面力学响应进行对比，总结车速对路面结构的影响规律。

(1)路面结构应力云图分析

在标准轴载作用下，车辆以速度80km/h行驶，分别选取第25荷载步、第45荷载步、第70荷载步、第95荷载步这4个时间点，分析此时路面结构在*X*方向(行车方向)的应力云图，如图6-5所示(扫二维码看彩图)。图中蓝色区域表示此时汽车行驶至该区域，随着车辆的移动，蓝色区域相应移动。当越接近接缝处时，有车辆荷载作用的路面板受到的力通过接缝处的传力杆传递至另一个面板，对该面板有一定的翘曲作用，因此其表面受较小的拉力(图中的黄色部分)。轮胎作用处路面板表面受到压力，板底受到拉力，并且此时的拉应力达到最大。

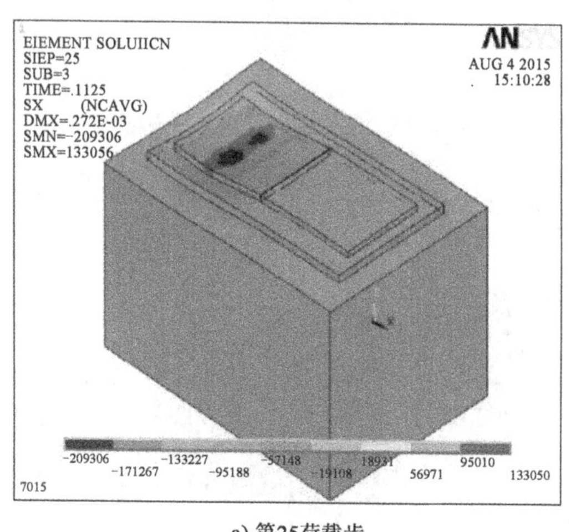

a) 第25荷载步

图 6-5

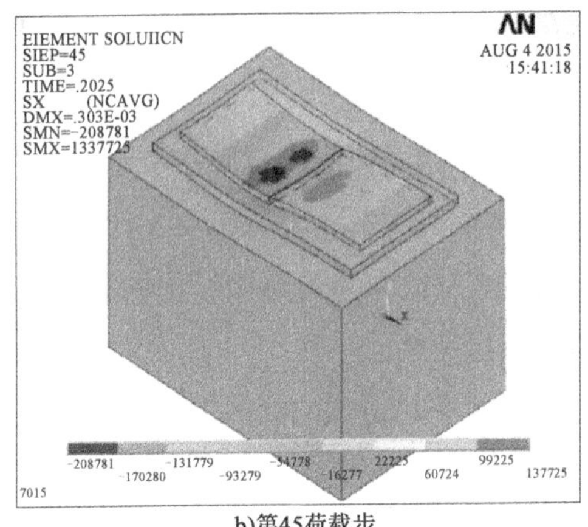

b)第45荷载步

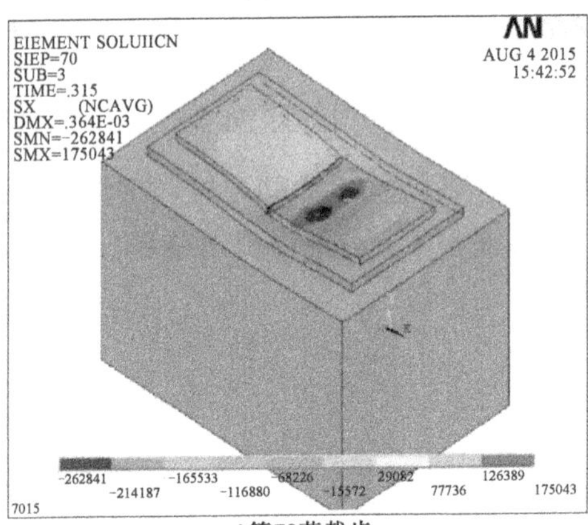

c)第70荷载步

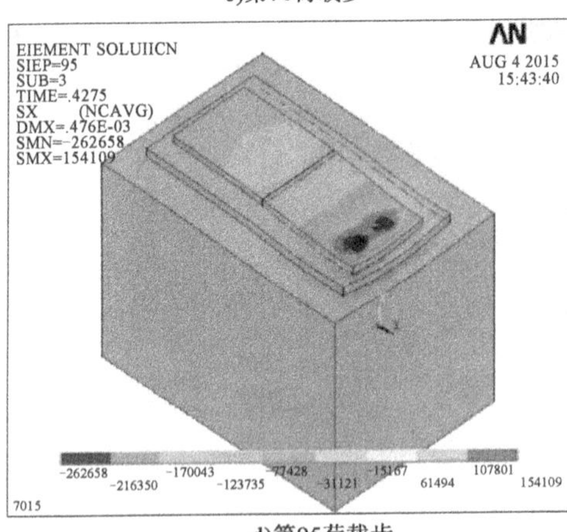

d)第95荷载步

图 6-5　不同荷载步下水泥混凝土路面结构在 X 方向的应力云图(单位:Pa)

(2)路面结构弯沉分析

图6-6表示速度分别为80km/h、100km/h、120km/h、140km/h情况下，各层计算点弯沉随时间变化的曲线。从图6-6中可以看出，随着车辆的移动，越靠近计算点时，节点的竖向位移越大，在接缝处弯沉达到最大值，之后随着车辆继续行驶，计算节点的竖向位移慢慢减小，有所恢复。由于车速不同，到达最大弯沉的时间也不同，速度越高，则所需时间越短。

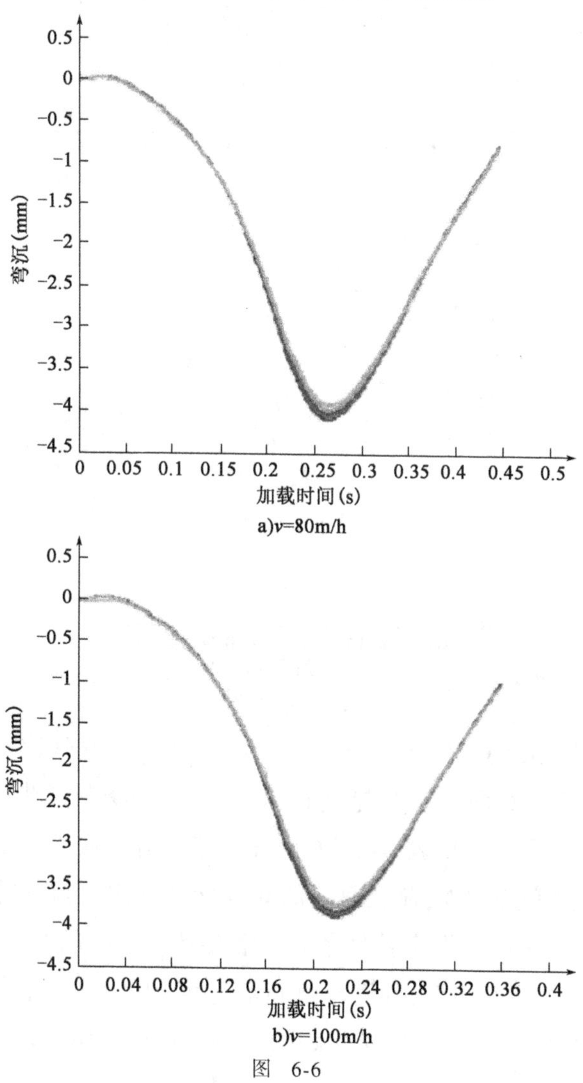

图　6-6

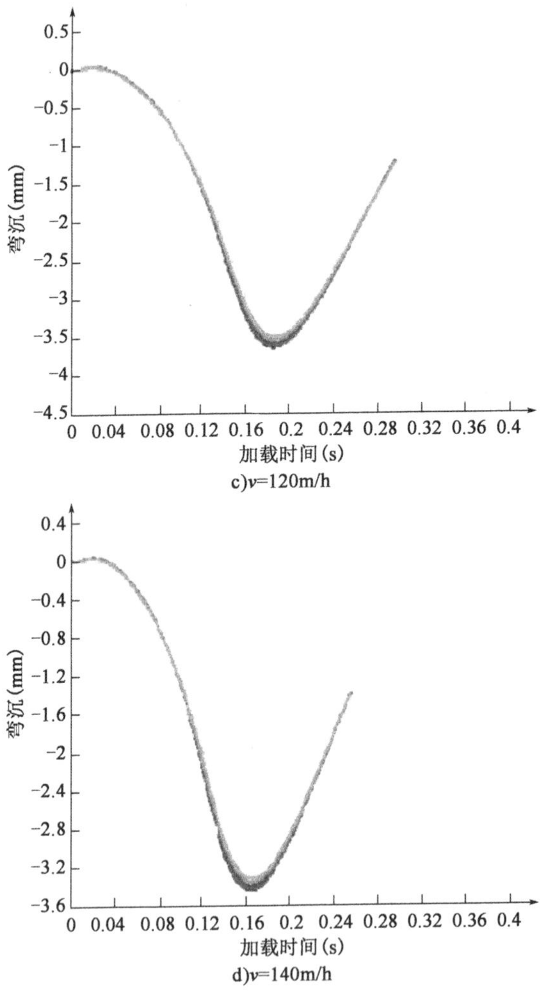

c)v=120m/h

d)v=140m/h

图6-6 不同车速条件下各层计算点弯沉-时间历程曲线

当荷载作用在路面中心线与接缝相交处即第49荷载步时，各层计算节点在不同车速下的弯沉见表6-2。由该表可知，路面板表面处的弯沉最大，随着路面结构深度的增加，荷载逐渐消散，弯沉呈现减小的趋势，土基的沉降量在路面结构弯沉中占据了很大比例。路面最大弯沉随车速变化的趋势如图6-7所示。由图6-7可知，随着车辆行驶速度的增加，荷载作用时间越短，弯沉越小，车速由80km/h增至140km/h，弯沉减小了16.3%。

不同车速条件下第49荷载步路面结构各层计算点弯沉(单位:mm) 表6-2

节点号	24850	25050	24650	31104	25512	25519	25508
车速 80km/h	-0.417	-0.411	-0.405	-0.394	-0.386	-0.381	-0.378
车速 100km/h	-0.389	-0.385	-0.381	-0.379	-0.372	-0.369	-0.365
车速 120km/h	-0.367	-0.363	-0.358	-0.354	-0.350	-0.347	-0.343
车速 140km/h	-0.349	-0.346	-0.344	-0.341	-0.339	-0.335	-0.332

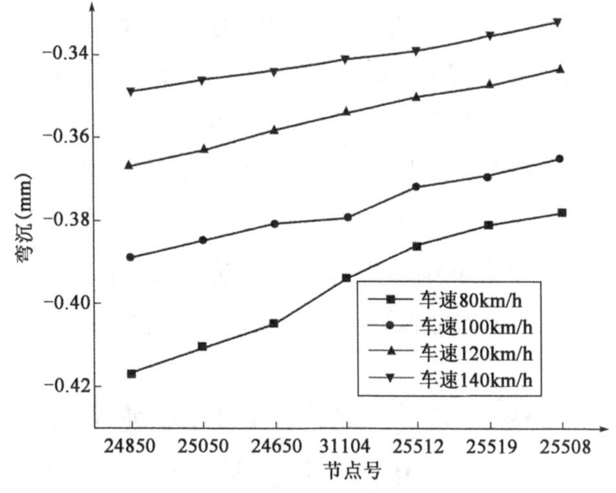

图6-7 路面最大弯沉的变化曲线

本节主要分析车辆移动荷载在带有接缝的水泥混凝土路面上行驶时,在不同的轴载、车速作用下路面结构的力学响应,得出以下规律:

(1)随着轴载的增大,衡量路面破坏的各关键指标均呈线性增大,超载50%时面板表面的弯沉比标准轴载状态下增大36%,使用寿命减少了57.5%;车辆轴载的增大导致当量轴载的增加,接地压强变大,引起路面结构受力增大,从而造成路面结构提前破坏,因此轴载是影响路面结构的一个重要因素。

(2)路面结构在移动荷载作用下产生的力学响应,不仅与轴载有关,还与车速有关,即与荷载作用时间有关。当车辆以不同的速度行驶时,产生最大弯沉的时间也不相同。车速由80km/h增至140km/h时,弯沉减小了16.3%,板底拉应力减少了34%,路面结构的使用寿命增加了50%,但车速的增大无疑增加了交通事故发生的概率,因此要限制车辆的行驶速度,减少交通事故的发生。

通过试验系统模拟路面结构施加疲劳荷载,研究面板厚度及荷载作用次数对传力杆的传荷能力,板底应力分布情况的影响,得到如下结论:

(1)面板厚度由24cm增至30cm,传荷系数仅增加0.54%,但受荷端的板底应力明显减小56.2%,说明路面板厚度的增大加强了路面板的强度,使接缝两侧的路面板弯沉差值减小,接缝的传荷能力提高。

(2)荷载作用次数对传荷系数的影响较为明显,随着荷载作用次数的增加,传力杆的薄弱部位易产生应力集中现象,传力杆剪切刚度降低,传荷能力减弱。与此同时,荷载作用次数由10万次增长至70万次时,板底应力增大23.9%。

(3)将试验结果与模型结果进行对比验证,结果显示,各因素的影响曲线变化趋势一致,并且误差值保证在5%内,因此试验结果具有可信性。

6.4 可靠度理论在水泥混凝土路面工程中的应用和研究

6.4.1 可靠度基本原理

公路设计要解决的主要问题是在安全适用与经济合理之间选择一种合理方案,不仅力求经济,还必须满足一些预定功能要求,如:

①正常使用时,工程具有良好的工作性能。

②正常维护状态下,工程具有足够的耐久性能。

③正常施工和使用时,结构能承受可能出现的各种作用。

④在设计允许的情况下,偶然事件发生时和发生后,能够保持必需的整体稳定性。

在这些功能中,第①项关系到公路工程的适用性,第②项关系到公路工程的耐久性,第③④项关系到公路工程的安全性。安全性、适用性和耐久性总称为公路工程的可靠性。可靠性的数值度量就是可靠度,公路工程可靠度是工程可完成"预定功能"的概率度量,它是建立在统计学基础上经计算分析确定的,并且给公路工程的可靠性一个定量的描述。

1)可靠性

根据我国《公路工程结构可靠度设计统一标准》(GB/T 50283—1999)中的定义,结构的可靠性是指结构在规定的时间内,在规定的条件下,完成预定功能的能力。它包括结构的安全性、适用性和耐久性。

2)可靠度

结构可靠度定义为:结构在规定的时间内,在规定的条件下,完成预定功能的概率。姚祖康结合路面结构的特点,把路面可靠度相应定义为:在规定的设计基准期(设计使用期)内,在规定的交通和环境条件下,路面使用性能满足预定水平要求的概率。路面使用性能包含结构性能和功能性能两个方面,可以分别采用断裂、错台等结构性能指标,或者采用平整度等功能性指标,或者采用服务能力指数等综合指标来表征路面在某一时刻的使用性能,并规定使用期末的要求水平。这样,路面结构的可靠度可分别按照设计方法采用的不同设计标准和指标进行不同的定义。在以控制荷载应力作用下的疲劳断裂为设计标准时,可靠度的定义为荷载应力不超出混凝土疲劳强度的概率;以控制荷载和温度应力综合作用下的疲劳断裂为设计标准时,可靠度的定义为荷载应力和温度应力不超出混凝土疲劳强度的概率;在以控制服务能力下降量为设计标准时,可靠度的定义为路面服务指数的下降量低于预定容许最低限的概率等。

3)结构极限状态

判断结构是否可靠需要有一个标准,这个标准就是极限状态。极限状态的定义为:若整个结构或结构的一部分超过某一特定状态,就不能满足设计规定的某一功能要求,此特定状态称为该功能的极限状态。工程结构的可靠度通常受各种作用效应、材料性能、结构几何参数、计算模式准确程度等很多因素的影响。在进行结构可靠度分析时,应针对所要求的结构功能,把这些有关因素作为基本变量 $X_1, X_2, \cdots, X_n$ 来考虑,由几个基本变量的组合,用以描述结构功能的函数,称之为结构功能函数。

有时也可以把若干基本变量组合成综合变量,如将作用方面的基本变量组合成综合作用效应 S,抗力方面的基本变量组合成综合抗力 R。

结构的极限状态由极限状态方程加以描述。功能函数及相应极限状态方程的形式和内容因不同的设计问题而不同。但只要对作用效应和结构抗力赋予不同的意义,各类极限状态方程都可用通式表示。结构完成预定功能的标志可用“极限状态”来衡量。若结构的整体或其一部分超过某一特定的状态时,结构就不能满足设计规定的某一功能,这种状态称为极限状态,极限状态是区分结构工作状态为可靠与失效的标志。

6.4.2 水泥混凝土路面可靠性变异性分析

(1)使用性能寿命预估的变异性

路面使用性能寿命,是混凝土强度、荷载应力和温度应力等随机变量的函数。或者,可进一步表述为混凝土弯拉强度 f_r、面层厚度 h、基层顶面综合模量 E_t、混凝土弹性模量 E_c、接缝传荷系数 k_j、最大温度梯度 T_g 和结构排水系数 C_d、交通荷载量 n 等设计参数的函数,使用性能寿命 N 预估的变异性,也就是由这些设计参数的变异综合而成的。

(2)交通参数的变异性分析

交通流复杂的道路路面使用可靠度变异大,交通流比单纯的道路路面使用可靠度变异小。

交通参数是路面结构设计的主要参数之一。《公路水泥混凝土路面设计规范》(JTG D40—2011)所规定的交通参数是指路面设计年限内标准轴载的累计作用次数。它主要与初期日平均标准轴次、设计年限内交通量的年平均增长率与车道分布系数等有关。

(3)主要结构参数的变异性

主要结构参数的变异性分析内容为水泥混凝土路面主要结构参数的变异性,研究各主要结构参数变异性产生的原因,对混凝土路面结构可靠度的影响程度以及分析经济技术性,以便在施工管理中抓住主要矛盾,集中精力控制影响混凝土路面结构可靠度的主要结构参数，以提高施工质量，为施工管理提供指导性意见。

水泥混凝土性质参数的变异性，一部分来自试验室的试验误差，另一部分来自混合料组成的变异、施工质量控制和管理的变异。各设计参数的变异性对路面可靠度的影响规律基本上是相同的，即路面可靠度值随着设计参数的变异系数的增大而降低，而其变化率的绝对值随着变异系数的增大及可靠度值的减小而增大。由材料非均质性和施工偏差引起变异的 4 个设计参数（σ_s、h、E_c、E_t）中，混凝土极限抗折强度 σ_s 的变异性的影响最大，E_c 和 E_t 的变异性对可靠度的影响大致相当。根据文献可知，板厚 h 的变异性对可靠度的影响超过 E_c 和 E_t 变异性对可靠度的影响，但由于板厚本身的变异范围较小，故在常见的变异范围内变化所引起的可靠度值变化要比 E_c 和 E_t 在其各自的变异范围内变化所引起的可靠度值变化小些。和以上 4 个参数相比，疲劳温度梯度 T_e 和累计轴载作用次数 N_e 的变异性对可靠度的影响要小得多。因此对于一般精度要求，可忽略 T_e 和 N_e 的变异性对可靠度的影响。

影响水泥混凝土路面可靠度的因素较多，而混凝土板厚度和抗折强度是影响混凝土路面使用寿命的两个主要结构参数方面的因素，对水泥混凝土路面结构可靠度有显著影响。抓住这两个主要结构参数，就基本保证了水泥混凝土路面使用寿命和结构可靠性。

板厚主要受基层高程和平整度及模板的高度控制。实际上，控制板厚是一项很简单的工作，只要严格管理即可达到目的。同时，从设计角度来看，在计算确定板厚的基础上，增加的投资不多，但可以抵消施工中可能由于管理不严造成的板厚不足带来的对混凝土路面使用寿命的严重影响，亦可降低车辆超载对混凝土路面致命破坏的可能性。

6.4.3　水泥混凝土路面可靠性优化设计的基本概念

在进行水泥混凝土路面设计时，由于环境因素、材料选取、施工工艺等方面的要求，通常存在多种可供选择的方案。最佳设计方案是指最好地达到预先确定的目标的设计方案。所谓设计合理性是指设计中追求的水泥混凝土路面使用过程中的经济效益和安全可靠。也就是说,水泥混凝土路面在达到可靠性目标的同时,在设计阶段还应使用设计优化方法来降低工程造价,并提高其使用性能与承载能力。严格来说,优化与可靠性设计所追求的目标是一致的,所以水泥混凝土路面设计中必须综合考虑优化方法与可靠性目标,这就需要采用水泥混凝土路面可靠性优化设计方法。

在现行水泥混凝土路面结构设计方法中,存在两个缺陷:一是采用定值设计,忽略了设计参数的随机性,以及材料和施工质量的不确定性,使人们无法客观地研究路面结构的失效机理,这种方法对于同一交通量等级的路面结构设计来说,虽然综合系数相同,但是不同结构,其可靠性是不同的;二是虽然从力学和数学原理上导出了路面结构的设计方法,但没能反映其他因素的影响,如造价和材料用量等。随着概率与数理统计在工程中的应用日益深入,产生了可靠性设计理论,使人们有可能用可靠度或失效概率,科学解释结构的安全与否;随着数学规划方法及计算机技术的发展,又使人们获得了综合力学强度、结构造价和工程造价的结构设计优化方法。

6.5 水泥混凝土路面结构可靠性设计与评估研究

6.5.1 路面结构可靠度的特点

水泥混凝土等筑路材料的非均质性和施工偏差,以及道路在设计使用期内的环境和荷载条件的变异,使水泥混凝土路面结构的设计参数具有一定的不确定性。因此,在路面设计中采用可靠度设计方法,考虑路面各种设计参数的变异性影响,并根据路面的实际损伤状况调查评估路面所处的极限状态,利用检验数据对不相符的偏差进行修正和调整,可以使设计出的水泥混凝土路面结构的可靠性和使用性能在其设计使用期内满足要求。我国公路水泥混凝土路面结构可靠度设计具有以下特点:

(1)我国幅员辽阔,公路交通路线多,各地的气候条件和交通条件参差不齐,道路等级差别比较大,无法确定各种路面结构统一的设计目标可靠度,因而必须结合国民经济的发展状况和国家总体交通运输的发展状况来确定水泥混凝土路面的设计可靠度。

(2)公路车辆轴载超限和超载现象十分普遍,并且随着交通运输事业的发展会变得更加严重,这是导致水泥混凝土路面结构过早损坏的主要原因之一。因此,在考虑水泥混凝土路面结构可靠度时,采用累计换算轴载次数进行设计,必须考虑轴载超限的影响。

(3)路面结构是一种复合式结构,路基、垫层、基层、路肩和接缝等结构组成都会影响路面使用性能和使用寿命。因此,在考虑路面结构的可靠度指标时应综合考虑各结构相互之间的影响,并结合混凝土路面结构的损坏调查和分析结果进行修改和调整。

(4)水泥混凝土路面结构极限状态的定义不完善,采用不同的极限状态,都会使设计目标可靠度出现较大差异。

(5)水泥混凝土路面可靠度的不确定性构成不同于一般的建筑结构或构件,引起水泥混凝土路面结构设计不确定性的因素有路面结构设计参数的变异性、交通荷载的预估偏差以及设计方法与实际情况不相符等。因此,在确定路面结构可靠度时,应采取综合分析与分项分析相结合的方法,分析各种变异性的影响。

6.5.2　基于可靠度理论的水泥混凝土路面结构设计

水泥混凝土路面结构设计的任务是以最低的寿命周期费用,提供一种在设计使用期内满足预定使用性能要求的路面结构。路面的设计使用期是指新建或改建的路面从开始使用至使用性能退化到预定的最低标准时的时间段。路面使用性能包括结构性能和功能性能,在路面的使用期内其性能随行车荷载和环境因素的不断作用而逐渐衰减,路面在使用末期不一定损坏到无法使用,而是必须采取重要措施(例如加铺面层等)以恢复其使用性能。

路面使用初期的使用性能主要与施工技术水平和施工质量有关,在行车荷载和环境因素的综合作用下,其使用性能退化的速率主要与路面结构的物理性质有关。水泥混凝土路面是一种复合式结构,路面结构的物理性质主要包括四个方面:①复合结构的组合性质;②各结构层的材料性质;③面层接缝和配筋等构造的性质;④路面表面的构造特性。水泥混凝土路面结构设计内容主要包括结构、材料和表面特性三个方面,进行具体设计时,路面结构的设计内容主要分为以下7部分。

(1)行车道路路面结构的组合设计。根据当地的环境条件、交通要求和材料供应等情况,选择路面的结构层次、各结构层次的类型和厚度,以组合成能提供均匀、稳定支承,减轻或防止唧泥和错台等病害,承受预期车辆荷载作用,满足路面设计使用性能和运营费用要求的路面结构。

(2)面层接缝构造和配筋设计。确定面层板块的平面尺寸,选择和布置路面接缝的类型和位置,设计接缝的构造(传荷装置和填封),确定板内的配筋用量和钢筋布置。

(3)路面排水设计。选择路面内部排水系统的布设方案,确定各项排水设施的构造尺寸和材料规格要求。

(4)路肩铺面结构层组合设计。选择路肩的结构层次、各结构层的类型和厚度。

(5)面层厚度设计。确定为满足设计使用期内要求所需的混凝土面层厚度。

(6)各结构层材料组成设计。选择合适的组成材料,进行配合比设计,以提供满足各结构层性能要求的混合料。

(7)路面表面特性设计。进行路面结构的路面抗滑和降噪设计,提供满足抗滑、低噪声要求的路面表面的技术措施。

设计步骤如下:

(1)采集数据。包括交通(交通量、轴载组成、年平均增长率等)、环境(路面所属的气候分区、月平均气温、最大温度梯度等)、材料(路面铺筑材料的料场位置、材料的品质、供应条件等)、地质和水文(岩质和土质、地下水水位等)、经济(概预算定额、资金来源等)、当地的技术和设备条件、路面使用经验等;进行路面改建设计时,还应调查和收集有关现有路面使用状况的数据。

(2)初拟路面类型和结构层组合方案。其包括行车车道数和路肩的类型、各结构层类型和组合、材料组成和结构层大致厚度;采用路面内部排水设施时,还包括排水系统的布设方案、各项排水设施的构造和大致尺寸、结构面层板的平面尺寸以及接缝布置和构造。

(3)各结构层混合料组成设计和相应的力学性质试验。

(4)选择确定有关设计参数。具体涉及路面分析期、目标可靠度、荷载、与环境和材料有关的参数。

(5)进行结构分析。分析所拟路面结构方案在荷载和环境条件下的应力、应变或位移量,预估有关设计标准的损坏量或设计使用期内的使用性能指标值。

(6)进行各路面结构方案的寿命周期费用分析。

(7)综合各方面的分析,选择最终设计方案。

6.5.3　水泥混凝土路面结构疲劳寿命的分析

水泥混凝土路面结构疲劳寿命 N 是在疲劳试验的基础上分析得到的。根据室内小梁弯曲试验结果可知:混凝土弯曲疲劳寿命服从两参数的威布尔分布,而且两参数威布尔分布的失效概率函数与路面的损坏规律比较一致,因此,可以假定路面结构疲劳寿命 N 的概率分布采用威布尔分布。按照《公路水泥混凝土路面设计规范》(JTG D40—2011)分析可知,路面疲劳寿命 N 与混凝土极限弯拉强度 f_r、荷载应力 σ_p 和疲劳温度应力 σ_t 有关。

影响混凝土路面结构的荷载和疲劳温度的因素很多,如:路面板的几何尺寸(板厚度 h、板宽度 B 和板长度 L)、混凝土的性质(弹性模量 E_c、泊松比 μ_c、热膨胀系数 α、弯拉强度 f_r 和接缝传荷系数 k_j 等)、路基的力学性质(基层顶面当量回弹模量 E_1、泊松比 μ_1 等)、环境条件(路面最大疲劳温度梯度 T_g 和结构排水系数 C_d 等)和路面动荷载效应系数 K_d 等。根据相关文献分析各设计参数对路面使用疲劳寿命 N 的影响程度分别是:弯拉强度 f_r 和路面结构排水系数 C_d 的变异对其疲劳寿命影响最大,占设计参数方差的 1/3 以上,占极限状态函数中方差的 1/7;其次是板厚度 h 和接缝传荷系数 k_j,基层顶面当量回弹模量 E_1 和混凝土弹性模量 E_c 的变异性影响很小。

对比分析这些因素,有些变量如混凝土和路基的泊松比 μ_c 与 μ_1 对路面的疲劳寿命 N 的影响较小,且本身的变异性也很小,完全可以视为设计常量;有些变量如板的尺寸(板宽度 B 和板长 L)对路面的疲劳寿命 N 虽然影响较大,但其本身的变异性极小,可以认为是一般的设计变量;有些变量,如路面动荷效应系数 K_d、混凝土的热膨胀系数 α、接缝传荷系数 k_j 和结构排水系数 C_d 在现有的技术条件下难以分析其变异性,因而也可以近似认为是一般设计变量;剩下的变量包括混凝土板的厚度 h、弹性模量 E_c、弯拉强度 f_r、基层顶面当量回弹模量 E_1 和路面最大疲劳温度梯度 T_g,对路面的疲劳寿命 N 的影响较为显著,而且它们的变异性很大,分析时必须进行重点考虑。因此,结合上述分析,水泥混凝土路面的疲劳寿命 N 的计算式可以近似表示为:

$$N=f(h,f_r,E_c,E_1,T_g)$$

6.5.4 水泥混凝土路面结构可靠度设计步骤

步骤一:计算水泥混凝土路面设计使用期内标准轴载作用次数 N_e。

(1)按照公路规范确定公路的设计基准期、安全等级、临界荷位处轮迹横向分布系数和交通量年平均增长率。

(2)假定交通量预估设计参数 N_e 服从对数正态分布,按照公式计算得到设计基准期内设计车道标准荷载累计作用次数的均值,查表确定标准差 σ^2_{Ne} 和变异系数 C_{VNe}。

(3)利用公式计算得到其概率分布密度函数。

步骤二:初拟路面类型和结构层组合方案。

根据公路等级、交通等级和变异水平,确定路基、路面、基层和垫层的材料类型和设计尺寸。

步骤三:确定设计路面结构的疲劳寿命作用次数。

(1)根据选定的路面结构,假定式中随机变量参数 h、f_r、E_c、E_1 均服从正态分布,则由规范确定混凝土路面板厚度的 μ_h、C_{Vh},普通混凝土面层的弯拉强度的μ_{fr}、C_{Vfr},相应弯拉弹性模量的μ_{Ec}、C_{VEc},由选定的路面结构层材料按照现行规范方法计算基层顶面当量回弹模量的μ_{El}、C_{VEl}。

(2)假定水泥混凝土路面疲劳寿命N服从威布尔分布,通过随机有限元模拟分析得到其参数为α和β。

(3)假定隶属度函数式中的参数α_0和β_0。

步骤四:计算设计水泥混凝土路面结构可靠度,并确定最终方案。

采用辛普生法将上述参数代入式中进行数值积分得到P_f,进一步得到可靠度指标β,综合分析和考虑,选择最终设计方案。

6.6 抗盐冻道路混凝土的技术途径

主要通过以下途径配制寒冷地区抗盐冻道路混凝土:

(1)普通混凝土:普通混凝土的盐冻剥蚀量较大,不能满足寒冷地区道路混凝土的要求,不能在寒冷地区应用。

(2)添加矿物掺合料及引气剂的高性能混凝土:当水灰比较大时(如0.4及0.36),盐冻剥蚀量较大,不能满足寒冷地区的要求;当水灰比较小时(如0.32),高性能混凝土可以应用在寒冷地区的道路工程中。

(3)内掺有机硅的混凝土:内掺有机硅的普通混凝土和高性能混凝土的盐冻剥蚀量都小,表面剥落状况得到改善,能够满足寒冷地区对道路混凝土的要求。

(4)涂刷有机硅:在普通混凝土及高性能混凝土的表面涂刷有机硅后,混凝土的盐冻剥蚀量显著减小,能够满足寒冷地区道路对混凝土抗盐冻剥蚀的要求。特别是在抗盐冻剥蚀要求较高的地区,应提倡在混凝土路面上涂刷有机硅涂料。

6.7 本章小结

(1)温度在路面结构中的传递是一个衰减的过程,具有一定的影响深度。由于热传导的时间效应,温度荷载施加较短时间内影响深度为面层和基层。随着时间的推移,温度影响深度逐渐扩大,但影响强度减弱,路面结构对环境温度变化具有消减作用。路面结构组合设计时应加强层间黏结,尤其是面层与基层的黏结,以提高路面体系抗变形能力,提升面层抗裂能力。

(2)施加温度荷载后,在温度荷载作用面以内的面层和基层出现明显的拉应力,且随着时间的推移,应力峰值逐渐往深部移动;随着热量向深部传导,路面结构浅层出现压应力,随时间推移而逐步增大并趋于平衡;温度荷载作用面以外路面结构的温度应力变化情况与之相反;层状路面结构中心线处温度应力最大,是最易开裂位置。

(3)施加温度荷载后,层状路面体系产生热膨胀变形,竖向膨胀量随着深度的增大而减小;随着时间的推移,竖向位移值逐渐增大并趋于稳定;面层热膨胀量较大,易引起较大的温度应力而导致路面开裂,这与面层处的温度梯度较大有关。因此,在进行路面结构设计时,应加强面层间的黏结,以保证路面结构的工作性能。

第7章　寒冷地区高性能水泥混凝土路面施工技术研究

7.1　本书提出的高性能混凝土路用性能目标

通过对国内外研究应用现状分析可知,20世纪80年代人们关注的是高性能混凝土的强度,而当今最关注的是混凝土在恶劣环境下的耐久性和结构的使用寿命。国内外学者对建筑用高性能水泥混凝土的技术有了一定的研究和应用,然而建筑用高性能水泥混凝土和高性能路面混凝土是有很大区别的。首先,建筑用高性能水泥混凝土为了达到高强度,水泥用量一般达到400kg/m^3,比如加拿大联盟大桥最小水泥用量为450kg/m^3,我国杭州湾跨海大桥的胶凝材料用量为450kg/m^3,在水泥用量方面大大超过高性能路面混凝土。另外,季冻区路面混凝土中为了满足抗冻性的要求,还要加入引气剂,对混凝土的强度性能带来一定影响。因此对高性能路面混凝土的强度要求不能照搬高性能水泥混凝土的规定,应在满足行车对公路水泥混凝土路面(规范)强度要求的前提下,主要以提高耐久性为主,这也是掺矿质超细粉高性能路面混凝土路用性能的总体目标。

本书提出的高性能路面混凝土,是在采用高性能水泥混凝土的基本原材料的基础上,考虑了路面工程的特殊性:工程造价不能太高,水泥用量不能过多,长期在野外环境中并受到车辆动荷载的重复作用。因此,高性能路面混凝土要在满足弯拉强度的前提下,要保证足够的耐久性:抗冻性、抗渗性、抗磨耗、抗收缩等性能,而且要易于施工控制。总之,既要具备足够的强度和良好的施工性能,又要有优异的耐久性和合理造价的混凝土,才能称为高性能路面混凝土(HPPC)。

综上所述,国内外主要针对建筑用高性能水泥混凝土方面做了较多研究,而关于路面高性能混凝土的研究不够系统,针对性不强,没有提出系统的配合比设计方法以及工作性、力学性能和耐久性的指标要求。针对季冻区高性能路面混凝土路用性能的系统性研究亦很少。为了适应当前重载交通的需要、适应季冻地区对混凝土耐久性的要求,开展高性能水泥混凝土路面施工应用研究十分必要,研究路用性能优良、耐久性优异、性价比合理的路面用高性能混凝土,将为我国季冻区高性能路用混凝土的应用开辟一个崭新的局面,具有非常重要的现实意义。

7.2 季冻区路面水泥混凝土路用性能要求

由于路面是暴露在大自然的环境中,并遭受行车荷载的频繁作用,尤其季冻区路面还要遭受冻融破坏的作用,因此,对季冻区路面水泥混凝土应提出更高的要求。

(1)良好的工作性

路面工程要求新拌混凝土要具有适宜的坍落度、流动性和黏聚性,可以方便面层摊铺施工、整平。

(2)抗弯拉强度

混凝土路面板在行车荷载及温度应力的共同作用下,发生频繁变形,较高的弯拉强度可承担较大的弯拉应力,可以延长路面的使用寿命。因此,路面混凝土必须具备足够的抗弯拉强度,以满足要求。

(3)抗冻性

季冻区路面混凝土不仅应具有抵抗水、油等液体在压力作用下渗透的性能,而且在饱水状态下,还要经受多次冻融循环作用而不破坏、同时强度也不严重降低,对高性能路面混凝土要提出更高的抗冻性甚至抗盐冻能力的路用性能要求。

(4)抗渗性

混凝土的渗透性高低影响液体(或气体)渗入的速率,而有害的液体或气体渗入混凝土内部后，将对混凝土路面产生破坏作用。当处于冻融环境时，进入混凝土内部的饱和水还会引起混凝土的冻融破坏。此外，水还是碱-集料反应的条件之一。因此，抗渗性也是季冻区路面混凝土耐久性的主要控制因素之一。

(5)抗滑性与耐磨性

抗滑性与耐磨性是路面混凝土的表面使用品质。抗滑性主要取决于路面的微观构造，而砂浆的耐磨耗性及耐磨光性直接影响到黏土路面的抗滑性，因此磨光作用可使路面微观构造衰减，磨耗作用可使路面宏观构造衰减。选用优质材料、合理进行混凝土配合比设计、提高混凝土的抗压强度是提高季冻区路面混凝土抗滑性和耐磨性的有效措施。

(6)抗收缩变形能力

由于混凝土材料的固有特性，在其强度形成过程中，存在化学收缩、干湿变形、温度变形、荷载变形以及徐变，若材料组成设计不合理或养护不当，会在混凝土中形成微裂纹，在交通荷载及温度反复作用下，微裂缝逐步扩展，危及混凝土路面的结构安全。尤其在季冻区温度变化更加剧烈，对路面混凝土的抗收缩能力提出更高的要求。

(7)抗弯拉疲劳性能

道路水泥混凝土通常以疲劳断裂作为结构损坏的标准。季冻区路面混凝土必然承受行车荷载和更加频繁的温度、湿度变化所产生的疲劳应力的重复作用，因此季冻区水泥路面应具有更高的抗弯疲劳性能。

7.3 高性能混凝土的施工技术及质量控制措施

高性能混凝土是一种新型高技术混凝土，具有高强度、高弹性模量、变形小、耐久性、抗渗性好等优点，如何做好高性能混凝土的配制与施工是确保工程质量的重点。结合国内实际情况和工艺特点，在坚持采用本地原材料和目前生产工艺的原则下，进行C60高性能混凝土试验，并采用合理的施工方法精心组织施工，确保高性能混凝土达到要求。

7.3.1 C60高性能混凝土试配

1)高性能混凝土原材料质量要求

(1)水泥:为了降低水化热、提高混凝土的和易性、减少泌水性、减少混凝土的早期收缩裂缝和减少混凝土的干缩及徐变,应选用非早强型(非R型)普通硅酸盐、低碱、低水化热水泥,强度等级为52.5。

(2)粗集料:选用质地坚硬、级配良好的以石灰岩等石质为主的机制碎卵石,且采用二级破碎的5~20mm粒级的粗集料,针片状含量等指标应符合规范要求。

(3)细集料:应选择质地坚硬、级配良好的中砂,细度模数控制在4.2~2.8范围内,砂的硬度高,级配曲线合理,含泥量不应超过2%。

(4)掺合料:考虑使用"三掺"技术,掺合料宜采用细掺料(需要比水泥熟料具有更大的细度和更好的颗粒级配);为保证混凝土性能需掺加一定量具有较好活性的硅粉、粉煤灰和磨细矿粉,硅粉中的极细颗粒具有良好的微填充效应,可以使混凝土的孔结构充分致密,从而保障混凝土的强度和耐久性;磨细矿粉应细度细、烧失量低。

(5)外加剂:为了减少用水量,改善混凝土的流动性和密实性,选用聚羧酸高效减水剂,能满足配制一般要求的高性能混凝土,且掺量少。

2)试配的技术要求

高性能混凝土必须经试验室试配并经现场试验确认后,方可正式使用,超出的数值应根据混凝土强度标准差确定。

(1)配制强度必须大于设计要求的强度标准值,通常高一个等级,120min后展开度不小于450mm。

(2)水胶比控制在0.25~0.42之间,水泥用量不宜大于450kg/m^3,砂率宜控制在34%~44%之间。

(3)合理掺入优质Ⅰ级粉煤灰,延缓了混凝土凝结时间,降低水化热,解决混凝土黏聚性高、泵送阻力大的难题。

(4)通过采用高性能减水剂,改善混凝土的和易性,使集料悬浮于水泥浆体中，混凝土拌合物具有高流动性，而又不出现离析、泌水现象，以保证混凝土在出机 3h 内坍落度损失率小于 10%。

(5)粗集料采用碎石，级配连续；细集料选用石英含量较高的圆形颗粒状优质天然中粗河砂。

3)试验室试验

为了保证混凝土的抗渗性和抗裂性能达到设计要求，需要对混凝土进行体积稳定性试验、氯离子渗透试验、碳化试验和碱活性试验等，以进一步检验混凝土性能；再根据试验结果，合理确定施工配合比。在原材料有变化及季节变化时，需要及时调整配合比。

7.3.2　高性能混凝土的拌制要求

针对高性能混凝土强度等级高、抗渗性要求高等特点，必须强化混凝土原材料的检验标准，加强混凝土搅拌过程的技术措施等。

(1)原材料质量：严格控制原材料质量，对原材料供应源必须进行调查和预先进行抽样检测，原材料进场后要严格按规定要求进行抽样检查。

(2)原材料称量：严格按配合比质量计量，控制计量偏差，水泥和掺合料 ±1%，水和外加剂 ±1%，粗、细集料 ±2%。

(3)搅拌站设备：应有精确的原材料自动称量系统和计算机自动控制系统，并能对原材料品质均匀性、配合比参数的变化等，通过人机对话进行监控、数据采集与分析。

(4)搅拌时间：根据混凝土的强度等级以及其他性能要求，结合搅拌设备的要求确定合适的搅拌时间。

7.3.3　高性能混凝土施工方法

(1)振动棒的使用。高性能混凝土因自身流动性较高，易于流动和密实，因此不需强力振捣，可选用低频振捣器。

(2)墙体混凝土浇筑和振捣。混凝土下料点要分散布置，浇筑混凝土要连续进行，间隔时间不应超过 2h。

(3)框架柱混凝土浇筑和振捣。若框架柱高度大于3m,浇筑混凝土必须使用串桶或溜槽,每层振捣时振捣棒要插入下层混凝土且深度不小于50mm,振捣要均匀。

(4)梁、顶板混凝土浇筑和振捣。为了提高顶板混凝土表面观感,在顶板浇筑时,采用3m长铝合金杠刮平;在顶板混凝土进行最后一遍压光时,应用毛刷将混凝土表面沿同一方向刷出顺纹,初凝时再进行二次压面。

(5)楼梯混凝土筑筑和振捣。楼梯混凝土浇筑时应自下而上,先振捣平台板及楼梯板混凝土,达到踏步位置时,再与踏步混凝土一起浇筑,接着连续向上推进,并一边推进一边用木抹子将表面抹平。

(6)高强混凝土浇筑时间的控制。由于高强混凝土的初凝时间比普通混凝土短,因此要尽量控制好混凝土的初凝时间。高强混凝土的初凝时间不应小于6h,其终凝时间应不大于10h。

(7)高强混凝土对施工机械的要求。在高强混凝土的施工过程中,对混凝土的施工机械有更严格的要求,如混凝土泵车、混凝土运输车辆等应保持最佳状态,保证高强混凝土施工的连续性,以减少混凝土施工中的冷缝。

(8)高性能混凝土养护。为保证混凝土具有优良的密实性和强度,要求对已浇筑完的混凝土部位尽早进行保水养护,通过在混凝土上架设带孔的塑料管,然后接通自来水连续浇水,采用隔气保温养护,降低混凝土水化热高峰时的温差;正常施工情况下混凝土拆模后,可涂刷养护剂,总养护时间不小于41d,可避免混凝土内部失水。

7.3.4 高性能混凝土质量保证措施

(1)高性能混凝土在试配与施工前,各单位应共同制定文件,规定质量控制措施,明确专人监督实施情况。

(2)合理布置泵管和安放泵车,泵送前用与混凝土配合比相同的去石子砂浆润管,正确启动泵车,检查泵管连接是否正常、支撑是否牢固等。

(3)施工时采用泵送混凝土。为保证混凝土连续浇筑,要求在技术和生产组织上保证混凝土供应、输送和浇筑的各环节协调一致,保证泵送工作连续进行。

(4)收集施工过程中混凝土的性能数据,以帮助调整、改进设计配合比,监督混凝土拌和生产过程。

(5)针对商品混凝土站运距较远且地处交通复杂地带,为了解决C60混凝土坍落度损失过大的问题(特别是高温季节尤为突出),保证混凝土正常施工,采取部分泵送剂在现场二次掺加的方案,现场二次掺用的泵送剂必须配成溶液使用,二次掺用量根据试验确定。

(6)混凝土出站运送至现场卸料完毕的时间、试块的制取、养护和试验,严格按国家标准的规定执行。

7.4 我国北方地区路面混凝土耐久性退化的防治

我国北方地区路面混凝土耐久性退化的直接原因是混凝土遭到冻融破坏。由于施工质量的原因,路面混凝土先天耐久性不足;或在混凝土路面结构设计时未考虑需使用除冰盐化冰除雪的路段因盐的作用而产生的附加影响,则路面混凝土难以抵抗冻融破坏。

为此,针对上述冻融破坏原因提出相应的防治措施:①严格控制路面混凝土水灰比,不得为满足施工操作而增加用水量;若设计水灰比因气候等特殊原因不能满足施工和易性要求,应考虑掺加适宜减水剂等外加剂来改善混凝土工作性能。②对欲使用除冰雪剂化冰除雪的路段,在混凝土结构设计或材料配合比设计过程中应采取抵抗因盐的作用而引起破坏的措施,例如使用优质引气剂,使用减水剂降低水灰比以提高混凝土密实度,提高混凝土抗冻,等等。

7.5 我国北方地区如何进行混凝土施工

在我国北方冬季由于温度很低,施工条件差,施工环境恶劣,容易出现工程质量事故,特别是混凝土工程更易出现工程质量事故。混凝土工程质量事故一般都具有隐蔽性、滞后性。为了抢工期，在冬天施工的工程通常抢在年终岁末前竣工，一些弊病过一段时间（大多是在春季开始）暴露出来。混凝土施工质量事故处理起来难度很大，对小病害进行修补即可，严重病害则须返工，工程损失大，经济负担重，而且影响工程的使用寿命，延长工期，常常是事倍功半。这样的例子比比皆是，例如我国北方某地区高层建筑施工时为了确保工期，冬天昼夜施工，由于冬季低温寒冷，混凝土内部水分冻结成冰，体积膨胀，混凝土内部结构受到破坏，一定程度上损害了混凝土的部分性能，影响了整个建筑结构的安全性，导致工程不能按时交工。由于混凝土工程在技术要求上具有一定的复杂性，施工前必须有充足的准备时间，避免质量事故的发生。由于混凝土内部水结成冰后体积膨胀致使混凝土结构松散，导致混凝土抵御外部的侵蚀能力变差；由于钢筋锈蚀不合格、配制时水灰比过大等原因，导致混凝土出现裂痕、起灰；由于温度、压力及湿度的影响，导致混凝土水分转移。如某道路在施工过程中，配制混凝土时水灰比过大，出现离析及泌水现象，来年春天道路开始起灰，缩短了道路的使用年限，影响道路质量。因此必须严格控制混凝土的技术指标。

7.6　我国北方地区混凝土施工的控制措施

严格检验混凝土的质量和技术指标，存在质量问题的混凝土材料不得进入施工现场；控制混凝土的稠度，使坍落度适中，同时控制水灰比，避免混凝土产生沉陷裂缝及收缩裂缝；为控制和预防混凝土裂缝的发生，大体积混凝土的配合比设计应根据工程所处条件，对砂率、水灰比、水泥用量及掺合料用量等进行优化设计，选择最优方案；在施工过程中对于体积较大的混凝土应加强对混凝土振捣的控制。

适当振捣对密实混凝土是有利的，可使混凝土紧密堆积，但一定要控制好，过振会造成混凝土离析，在混凝土表面形成较厚的浮浆层，导致塑性收缩裂缝。要确保新浇筑混凝土振捣均匀，既不能漏振又不能过振。要做好大体积混凝土的养护，养护不当会造成强度损失，做好充分的养护才能确保混凝土不产生裂缝。

在我国北方地区进行混凝土施工时,必须掌握混凝土的施工特点,了解混凝土施工的质量问题,牢记混凝土施工的控制措施。要在各环节严格控制施工质量,严格执行相关技术规范。通过采取以上控制措施,可有效保证我国北方地区混凝土工程质量。

7.7 本章小结

根据高性能混凝土施工的规定,充分运用科学、合理的方法在施工上高标准、严要求,遵循不断进步、不断创新的理念,从高性能混凝土试配、拌制要求、施工方法、质量保证措施等方面加以严格控制,保证高性能混凝土达到“质量均匀、体积稳定、耐久、满足设计强度”的目标。

第8章　结论与展望

8.1　主要结论

(1)原材料质量控制、配合比参数的影响分析是混凝土路面施工前需要解决的主要的技术难题。本书作者通过理论分析与试验研究的方式分析了原材料及配合比设计参数对路用高性能混凝土性能的影响;总结出原材料控制的技术要求及配合比设计参数对混凝土性能的具体影响规律;给出了水泥、高效减水剂、矿物掺合料及集料的具体性能指标建议,“4.4 配合比设计参数对高性能水泥混凝土性能影响分析”一节中,总结了具体的单因素影响规律,并拟合出相关的影响函数。

(2)高性能水泥混凝土路面强度达到设计强度80%以上时,可进行精铣刨,铣刨深度宜为5~8mm,达到路面微露石子形成纵向纹理的效果。待铣刨面干燥后,用小型清扫机和人工进行清扫,并用空压机强风吹净,使路面上的油污、锈迹、养护剂、尘土等清理干净。

(3)路用高性能水泥混凝土的疲劳寿命明显比普通路面混凝土高,在中高应力水平下,路用高性能混凝土的疲劳寿命基本在普通路面混凝土的2倍以上。但是,无论是路用高性能水泥混凝土还是普通路面混凝土,在高应力条件下的疲劳寿命均较低。

(4)由于路用高性能混凝土路面的使用周期延长,不仅可带来直接投资效益的升高,更可降低后期大中修成本及其他养护成本,对周边地区的环境保护及节能减排有利。

(5)经过配合比优化,掺加矿物掺合料处理的路用高性能混凝土不仅在力学性能上相对于普通混凝土有了提升,其耐久性也优于普通路面混凝土。

其中路用高性能混凝土的氯离子扩散指数比普通混凝土氯离子扩散指数提升了10%以上,抗冻耐久性指数提高了5%左右。

(6)采用正交试验的方法,分析了关键配合比设计参数对混凝土性能的影响关系。对于高性能水泥混凝土的28d抗压强度,配合比设计参数的影响效应从大到小顺序为:水胶比、砂率、浆集比、矿掺比。对于高性能水泥混凝土的抗冻耐久性指数DF,配合比设计参数的影响效应从大到小顺序为:浆集比、矿掺比、水胶比、砂率。对于高性能水泥混凝土的氯离子扩散系数,配合比设计参数的影响效应从大到小顺序为:矿掺比、水胶比、浆集比、砂率;而对于28d抗折强度而言,只有水胶比对其具有显著的影响规律,其他几个配合比设计参数并无明显的影响规律显现。总体而言,水胶比为影响高性能水泥混凝土性能的主要配合比设计参数,其次为浆集比和矿物掺合料掺量,砂率对高性能水泥混凝土的性能影响主要体现在对强度的影响上。

(7)为了有效防止水泥混凝土路面早期损坏,首先,对不同条件下混凝土路面结构组合进行了研究,并提出路面的典型结构;其次,对水泥混凝土路面荷载应力、温度应力及板角挠度计算方法进行了研究,并给出了具体的计算方法;最后,针对混凝土路面典型破坏现象,提出了以控制疲劳断裂和冲刷损坏断裂作为设计目标,并以最大限载水平为验算标准的路面结构初步设计方法。

(8)早期开裂趋势综合分析表明,随着水灰比的降低,受约束高性能混凝土早期开裂趋势明显增加;干燥环境条件下,导致受约束高性能混凝土早期开裂趋势明显增加;硅灰的掺入,在一定程度上增加了早期开裂趋势;磨细矿渣的掺入,对受约束高性能混凝土早期开裂趋势影响不大。

(9)路用高性能混凝土与普通路面混凝土相比,每立方米的材料成本高出10%。但是,由于其力学性能、耐久性及抗疲劳性能更加优异,实际建设时每公里的建设费用比普通路面混凝土可降低5%左右。

8.2　研究展望

(1)水泥混凝土面层直接承受行车荷载和环境因素温度和湿度的作用,其应具有足够的抗弯拉强度、耐久性、良好的表面特性及耐久性。随着交通量增大及重轴载车辆不断增多，水泥混凝土路面出现相当严重的早期病害，如路面露石、剥落、开裂、断板等，普通水泥混凝土路面的耐久性问题受到了严峻的挑战。因此，在国内公路建设迅速发展及重载交通运输现象的日益严重的今天，发展长寿命低维护路面，采用高性能路面混凝土，提高混凝土的抗折强度与耐久性是当前路面混凝土的发展趋势。对于重载交通水泥混凝土路面，面层宜采用高性能路面混凝土。

(2)工程实践表明，混凝土的耐久性往往与混凝土的早期开裂行为密切相关，因此有必要建立统一规范的开裂评价体系，以综合评定混凝土的早期开裂，进而预测高性能水泥混凝土的耐久性。

(3)为有效对高性能混凝土路面结构的可靠度进行优化设计，应高度重视高性能混凝土路面结构的选择，同时分析高性能混凝土路面结构存在的问题并进行改进，这样才能有效对高性能混凝土路面结构的可靠性进行优化设计。

(4)本书研究成果可用于完善我国水泥混凝土路面设计理论，对提高路面使用寿命和发挥公路建设效益具有重要的现实意义。

参 考 文 献

[1] 徐建平,尚刚,梁乃兴.路面不平整引起的汽车动荷载计算分析[J].重庆交通学院学报,2001,20(1):27-28.

[2] Zhao Fangran,Cao Jialin,Wang Ning. Analysis of factors influence on void underneath at concrete pavement joints[A]. Proceedings,International Conference on Advanced Engineering Materials and Architecture Science,2014.

[3] Yang B,Liang W, Zeng X X,et al. Effects of flexible functional layer on the load stress of cement concrete pavement structure[A]. Proceedings,3rd International Conference on Green Building,Materials and Civil Engineering,2013.

[4] Siddharthan R V,Krishnamenon N,EI-Mously M,et al. Investigation of tire contact stress distributions on pavement response[J]. Journal of Transportation Engineering,2002,128(2):11-123.

[5] 单景松,黄晓明,廖公云.移动荷载下路面结构应力响应分析[J].公路交通科技,2007,24(1):11-13.

[6] 吕惠卿,张湘伟,成思源.水泥混凝土路面力学性能研究综述[J].重庆大学学报(自然科学版),2005(06):60-63,105.

[7] 王红伟.车载和温度应力下水泥混凝土路面板结构性病害三维有限元分析[D].长春:吉林大学,2008.

[8] 林小平,凌建明,等.水泥混凝土路面路基应力水平分析[J].同济大学学报(自然科学版),2010,38(4).

[9] 吴赣昌.层状路面结构温度应力分析[J].中国公路学报,1993,6(4):1-8.

[10] HOU P F,LEUNG A Y T,CHEN C P. Fundamental solution for transversely isotropic thermoelastic materials[J]. International Journal of Solids and Structures,200,45(2):392-408.

[11] 艾智勇,王路君,曾凯.稳定温度场下层状路面体系的解析层元解[J].同济大学学报(自然科学版),2014,42(11):1665-1669.

[12] WANG L J, AI Z Y. Plane strain and three-dimensional analyses for

thermo-mechanical behavior of multilayered transversely isotropic materials [J]. International Journal of Mechanical Sciences,2015,103:199-211.

[13] 吴中伟,廉慧珍. 高性能混凝土[M]. 北京:中国铁道出版社,1999.

[14] Salah A. Altoubat and David A. Lange, Creep. Shrinkage and Cracking of Restrained Concrete Early Age [J]. ACI Materials Journal,98(4)2001: 323-331.

[15] Li M. Multi-scale design for durable repair of concrete structures[D]. Michigan City, The University of Michigan,2009.

[16] Li V C. Advances in ECC research[J]. ACI Special Publication,2002,206.

[17] Kamada T, Li V C. The effects of surface preparation on the fracture behavior of ECC concrete repair system[J]. Cement and Concrete Composites, 2000,22(6):423-431.

[18] Tayehba, Abubakarbh, Megat Joharima, et al. Mechanical and permeability properties of the interface between normal concrete substrate and ultra high performance fiber concrete overlay[J]. Construction and Building Materials,2012,36:538-548.

[19] Zhu H G, Leung C K Y, Cao Q. Preliminary Study on the Bond Properties of the PDCC Concrete Repair System[J]. Journal of Materials in Civil Engineering,2011,23(9):1360-1364.

[20] Sahmaran M. Investigation of the Bond between Concrete Substrate and ECC Overlays[J]. Journal of Materials in Civil Engineering,2013,26(1): 167-174.

[21] 丁一. ECC 材料的理论及应用试验研究[D]. 北京:中冶集团建筑研究总院,2008.

[22] 吴仲伟. 纤维增强水泥基材料的未来[J]. 混凝土与水泥制品,1999(1):5-6.

[23] 冯乃谦. 高性能混凝土结构[M]. 北京:机械工业出版社,2004.

[24] 薛强. 纤维增强混凝土力学性能及界面状态研究[D]. 天津:天津大

学,2007.

[25] 郭磊磊,张玉娥,邱晓光. PVA-ECC 材料性能研究及应用[J]. 河南城建学院学报,2010,19(1):46-48.

[26] 杜志芹,孙伟. 纤维和引气剂对现代水泥基材料抗渗性的影响[J]. 东南大学学报,2010,40(3):614-618.

[27] 赵铁军. 高性能混凝土的强度与渗透性的关系[J]. 工业建筑,1997(5):14-17.

[28] 郑志均,邢锋,孙晓燕,等. PVA 纤维对混凝土性能及早期塑性收缩开裂的影响[J]. 浙江建筑,2010,27(10):76-78.

[29] 邓宗才,薛会青,李朋远. PVA 纤维增强混凝土的弯曲韧性[J]. 南水北调与水利科技,2007,10 (5): 139-141.

[30] 杨东宁,韩冰. PVA 纤维混凝土弯折性能试验研究浅析[J]. 混凝土,2004 (4):59-62.

[31] 彭定超,袁勇. PVA 纤维混凝土弯折试验研究[J]. 混凝土,2004(1):46-51.

[32] 董香军,丁一宁. 纤维高性能混凝土工作度、强度和弯曲韧性的试验研究[J]. 混凝土与水泥制品,2006(4):43-45.

[33] Wang Xia-gang, Wittmann F H. Comparative study of test methods to determine fracture energy of strain hardening cement-based composites (SHCC)[J]. restoration of buildings and monuments,2006,12 (2):169-178.

[34] 赵铁军,王晓刚. PVA 纤维 ECC 的试验方法研究及数值模拟[D]. 青岛: 青岛理工大学,2005.

[35] 韩维屏. 差热分析 DTA 技术及其应用指导[M]. 北京:北京师范大学出版社,1982:56-60.

[36] 黄士元. 高性能混凝土发展的回顾与思考[J]. 混凝土,2003(7):3-9.

[37] Dhinakaran G, Sathik-Ali A, Arjun S. Strength Characteristics of High Strength Concrete and High Performance Concrete[J]. Journal of Structural Engineering,2011,4(1):43-52.

[38] Pazhani K, Jeyaraj R. Study on durability of high performance concrete with industrial wastes[J]. Applied Technologies & Innovations,2011,2(2):19-28.

[39] 金祖权,孙伟,张云升,等. 氯盐、硫酸盐作用下高性能混凝土损伤研究[J]. 工业建筑,2005,35(1):5-7.

[40] 吴中伟. 高性能混凝土——绿色混凝土[C]//中国混凝土科学一代宗师——吴中伟院士纪念文集. 北京:中国建材工业出版社,2004.

[41] 中华人民共和国工程建设标准. 高性能混凝土应用技术规程:CECS 207—2006[S]. 北京:中国计划出版社,2006.

[42] 冷发光,韩跃伟. 高强和高性能混凝土的发展与应用以及对高性能混凝土的讨论 [J]. 工业建筑,2000,30(11): 75-78.

[43] 安明,朱金铨,覃维祖. 高性能混凝土的自收缩问题[J]. 建筑材料学报,2001(2):39-41.

[44] 何世钦,王海超. 高性能混凝土配合比设计和正交试验研究[J]. 工业建筑,2003,33(8):8-13.

[45] 谈至明. 路面结构可靠性理论、方法及应用[D]. 上海:同济大学,1994.

[46] 郭忠印、朱照宏,水泥混凝土路面设计可靠性分析[J]. 华东公路,1985,(6):1-8.

[47] 李硕,等. 可靠性理论和方法在公路水泥混凝土路面设计中的应用[J]. 西安公路学院学报,1991.

[48] 吴国雄. 水泥混凝土路面开裂机理及破坏过程研究[D]. 成都:西南交通大学,2003.

[49] 杨斌,欧孝夺. 高等级公路水泥混凝土路面断裂破坏原因分析[J]. 广西大学学报,2001,26(1):59-62.

[50] 冯乃谦. 高性能混凝土[M]. 北京:中国建筑工业出版社,1996.

[51] 冯乃谦. 中国的高性能混凝土技术[J]. 山东建材学院学报,1998,12(51):1.

[52] 巴恒静,高小建,杨英姿. 高性能混凝土早期自收缩测试方法研究[J].

工业建筑,2003,33(8):1-4.

[53] 张镇鑫,李立新,胡伟.道路高性能混凝土耐久性能及干缩性能研究[J].湖南交通科技,2003(4):35-40.

[54] 周履.高性能混凝土(HPC)发展的综合评述[J].建筑结构,2004,34(6):65-72.

[55] 郑军,周履.高性能海凝土在美国公路桥梁中的研究与发展[J].国外桥梁,2000(3):52-56.

[56] 彭卫兵,何真,梁文泉.对高性能混凝土的认识及混凝土开裂的问题[J].中国水泥,2003,1:40-44.

[57] 胡建勤.高性能混凝止抗裂性能及其机理研究[D].武汉:武汉理工大学,2001.

[58] 魏大千.使用正交试验法设计高性能混凝土[J].河南建材,2010.

[59] 齐长雨.高性能现代混凝土本构关系的试验研究与数值模拟[D].南京:东南大学,2012.

[60] 尚建丽.高性能混凝土微观结构特性及开发应用[J].西安建筑科技大学学报(自然科学版),1999.

[61] 刘永川,等.高性能混凝土的微观结构及力学特性[J].河南建材,2004.

[62] 董梁.矿物掺合料在高性能混凝王中的应用[J].铁道科学与工程学报,2010.

[63] 张哲.道路混凝止早期收缩与开裂性能研究[D].西安:长安大学,2008.

[64] 叶飞.高性能混凝土的研究进展[J].黑龙江科技信息,2014.

[65] 邓加龄.公路与桥梁施工中混凝土温度应力控制与裂缝处理[J].中国新技术新产品,2013,21:59-60.

[66] 邓学钧,黄晓明.路面设计原理与方法[M].北京:人民交通出版社,2001.

[67] 姚祖康.水泥混凝土路面设计理论和方法[M].北京:人民交通出版

社,2003:255-257.

[68] 唐建华,蔡基伟,周明凯.高性能混凝土的研究与发展现状[J].国外建材科技,2006,27(3):11-15.

[69] 姚燕.高性能海凝土的体积变形及裂缝控制[M].北京:中国建筑工业出版社,2011.

[70] 张金.水泥类型和砂对商性能混凝土的性能影响及开裂风险分析[D].杭州:浙江大学,2014.

[71] Holt E,Leivo M. Cracking risks associated with early age shrinkage[J]. Cement and Concrete Composites,2004,26(5):521-530.

[72] Li Jianyong and Yao Yan. A study on creep and drying shrinkage of high performance concrete,2001,31(8):1203-1206.

[73] 刘立安.高性能路面混凝土强度形成机理及试验分析[J].江宁建材,2005(3):10-11.

[74] Erika E Holt. Early age autogenous shrinkage of concrete[D]. Washington: University of Washington,2001:22-23,162-171,109-110.

[75] Z Bayasi. Application of fibrillated polypropylene fibres for restraint of plastic shrinkage cracking in silica fume concrete[J]. ACI Materials Journal, 2002,99(4):337-344.

[76] 夏柱波,黄慎江.高性能混凝土的早期收缩裂缝分析[J].工程与建设,2007,21(6):941-942.

[77] Vicknayson Thevendran,Mawdesley M J. Perception of human risk factors in construction projects[J]. International Journal of Project Management, 2004(22):131-137.